南京晓庄学院心理健康教育与研究丛书

中小学生家庭心理教育指导

袁芳　戴志梅　著

南京出版传媒集团　南京出版社

图书在版编目(CIP)数据

中小学生家庭心理教育指导 / 袁芳，戴志梅著. -- 南京 : 南京出版社，2022.11

ISBN 978-7-5533-3975-7

Ⅰ. ①中… Ⅱ. ①袁… ②戴… Ⅲ. ①中小学生—心理健康—家庭教育 Ⅳ. ①G444②G78

中国版本图书馆 CIP 数据核字(2022)第 227355 号

书　　名:中小学生家庭心理教育指导
作　　者:袁　芳　戴志梅
出版发行:南京出版传媒集团
南　京　出　版　社

社址:南京市太平门街 53 号　　邮编:210016
网址:http://www.njcbs.cn　　电子信箱:njcbs1988@163.com
联系电话:025-83283893、83283864(营销)　025-83112257(编务)

出 版 人: 项晓宁
出 品 人: 卢海鸣
责任编辑: 闾　玫
装帧设计: 赵海玥
责任印制: 杨福彬

排　　版: 南京新洲印刷有限公司
印　　刷: 苏州彩易达包装制品有限公司
开　　本: 787 毫米×1092 毫米　1/16
印　　张: 12.25
字　　数: 163 千
版　　次: 2022 年 11 月第 1 版
印　　次: 2022 年 11 月第 1 次印刷
书　　号: ISBN 978-7-5533-3975-7
定　　价: 60.00 元

丛书总序

儿童青少年的健康发展，关乎祖国的未来，也关乎着家庭的幸福。不可忽视的是，在他们的成长过程中，总会碰到这样或那样的心理困扰。这时，如果有及时的心理咨询和专业的心理帮助，则对他们尽快走出心理困境、走上健康发展之路大有裨益。所以，建立和发展对儿童以及青少年有效的心理援助机制，是中小学教育生态系统中的一项重要教育保障。

如果不考虑学校心理氛围和心理环境的创设，以及心理健康教育在学科课程中的渗透，目前，中小学心理健康教育活动大致可分为两类：一是以班级或其他学生群体为单位进行的心理教育活动，这种活动类似一种课程，许多学校都将其纳入了正式的课表；二是设立心理辅导室，为产生困扰的学生提供心理咨询，对有心理危险的学生提供危机干预。对这两类活动存在这样一些看法：在它们所起的作用和价值上，认为前者是属于发展性、预防性的，是积极的；后者是属于治疗性、滞后性的，是消极的。在它们所服务的对象上，认为前者是服务于正常人的，是面向全体学生的；后者是服务于存在心理问题或心理障碍的学生的，是面向少数学生的。对于这些看法，我们有必要作出澄清。

第一，防患于未然，以预防为主，对于任何问题的解决都是非常重要的，心理问题也不例外。但是，将中小学生心理咨询仅仅定位在治疗性上，甚至说它是消极的，则有失偏颇。

一方面，心理咨询对产生心理困扰或存在心理障碍的学生来说是非常积极的帮助。说心理咨询是消极的人，可能和其对心理咨询的实质认识不清有关。这种认识上的模糊，会在很大程度上伤害或阻碍学生心理咨询工作的开展，削弱这项工作的作用。学生在发展过程中产生这样或那样的心理问题极为正常，如果没有得到及时有效的心理帮助，不仅影响到当前的生活适应，还可能成为成长过程中的一个未了事件，影响到将来的发展。对于处在人生发展重要过渡阶段的中小学生来说，后者更加重要。大量心理咨询的案例都证明，许多学生在进入大学甚至走上工作岗位之后所产生的心理问题，都与其在中小学时期的心理问题没有得到有效解决有关。所以，向产生心理困扰或障碍的学生提供专业有效的心理咨询是非常积极的措施，可以使他们经由咨询，获得重要的成长经验，带来能力的提高和力量的增强，从而更有信心地走好今后的成长之路。

另一方面，要从整体系统中看心理咨询。虽然从学理上可以对不同的心理教育工作作出所谓发展、预防或治疗的界定，但实际运作过程中是不能绝对分开的。各类心理健康教育活动或形式有着各自的效能，但又是在一个完整的系统中影响和干预着学生的发展的，相互之间需要协调一致、相辅相成。总的来说，这些活动都是发展性、预防性的，在某种程度上也都带有治疗性，都是积极的。一个遭遇心理困扰的学生，即使被精神科作出了某种障碍的诊断，良好的学校心理环境也可以成为极好的治疗性资源，如果对他进行了有成效的个别咨询，其间达成的改变就是一种积极的成长。同样，针对群体的心理训练或课程，其中既有所谓未雨绸缪的预防性，又有对所谓“成长的烦恼”的治疗性。

出于整体的系统观，也需要承认心理健康教育中的不同工作在发展、预防和治疗上的效能各有侧重，但不能无限夸大或缩小。心理困扰或障碍的产生受多种因素的复杂影响，和个人、家庭、社区、社会紧密相连，大力开展重在发展和预防的心理健康教育活动固然重要，固然有可能减少心理障碍的发生率，但不可能杜绝。另外，心理困扰的产生还和个人的心理健康意识和觉察能力有关，越是有效的群体心理教育活动，越是能增强学生的心理健康意识和自我觉察水平，越是能提高学生对精神生活质量和个人成长的关注。而如果学校能够开展积极有效的群体心理教育活动，在带来良好效果的同时，学生们在一个新的水平上也可能会产生新的困扰。这时候，如果没有积极的心理咨询的跟进，群体心理教育活动的效能也会受到很大伤害或削弱。

所以，需要有一个完整的系统，才能对学生心理健康的保证真正起到积极的作用。在注重群体心理教育活动的同时，还要建设起专业、有效的心理辅导机构和队伍，学校才具备能充分发挥学生心理健康保健系统的发展、预防和治疗的整体作用。

我们不能简单、形式化地看待发展、预防和治疗，轻易将心理辅导工作归入所谓消极的措施之中。有学者还提出这样的看法："儿童对心理健康的需要反映了心理服务的巨大不足，但是由于资金问题，需求与供给之间存在的差距仍在继续。预防性服务可能是应付其中部分问题的一个较为省钱又能有效利用资源的方法，但提供合格的心理咨询和治疗服务才是整个心理健康系统中的关键组成部分。"①这无疑是相当中肯的。

第二，心理健康教育要面向所有的学生。心理健康教育充分体现了现代社会的人文关怀，无疑是要坚持的。但是，将所有学生能同时参加的心理训练活动或课程，看作是面向全体学生的，将心理咨询看作是面向少数学生的，就很不适当了，因为面向全体学生不是一个形式上的问题。

面向全体学生首先是一个理念问题，学者们对此这样理解：照顾每一

① PROUT H T, BROWN D T. 儿童青少年心理咨询与治疗[M]. 林丹华，吴波，李一飞，等译. 北京：中国轻工业出版社，2002:5.

个学生，不轻易放弃任何一个学生，也不厚此薄彼。出于这样的理念，为产生心理困扰的学生提供心理辅导，才真正体现了面向全体学生。

面向全体学生也是一个效能上的问题，在各种心理健康教育活动中，都需要使所有参加的学生都受到尊重、关注，都有所收获和助益。比如在群体心理训练活动或课程中，面向全体学生就有一个设法使所有学生都参与和投入的问题。

面向全体学生又是一个针对性的问题，即需要既顾及学生成长的共同性需要，也顾及个别性、特殊性需要。一般说来，群体性的心理教育活动，主要针对的是共同性成长需要和一些困扰；心理咨询主要针对一些个别的或特殊的成长需要与困扰。要面向全体学生，就需要能对有各种需要的学生提供有效的心理教育和心理帮助。

面向全体学生还是一个时间观的问题。在时间点上，我们看到产生心理困扰或障碍需要辅导的学生只是少数，但人的心理生活是动态的，心理成长是过程中的，在时间的延续上，我们不能排除不同学生会在某个时候产生这样或那样的困扰甚至危机的可能，以及得到及时、有效和专业的心理帮助的需要。正像我们重视全民健身，为的是增强全民体质以预防疾病，但不能说办好医院就不是为全体人民服务一样，将对遭遇心理困扰的学生的心理咨询看作只是为少数学生服务是极不可取的。

所以，无论哪种心理教育活动都要有面向所有学生的视角，也都是面向全体学生的。进一步说，将心理咨询看作只是面向少数学生的观点，潜含着对需要这种服务的学生作出“有病假设”或“不正常假设”在里面，这是对他们极大的不尊重，和心理健康教育要面向全体学生的原则是相悖的。

总之，中小学生心理咨询是心理健康教育中的一个重要组成部分，其地位和作用是其他心理健康教育活动所不能替代的。而且同样是面向全体学生，其是具有积极性和发展性的。学校中需要建立学生心理咨询机制，需要有专门的人员从事这项工作，同时又要按学校中心理咨询的专业要求给予规范化。

还有一点非常重要，对儿童、青少年的心理援助，不能仅限于基层学校，还需要建立一个多层级的心理援助系统，以有效地帮助到遭遇困扰或危机的学生。南京市于1992年开始建立这样的系统，发展为现在的南京市中小学生心理援助中心（陶老师工作站），形成了从基层学校、区级到市级可以为有需要的学生提供心理援助的较为完整而立体化的系统。在这个系统中，由南京晓庄学院心理健康研究院具体承办的陶老师工作站，既是市级心理援助实施机构，又是整个系统主要的专业支撑。

师范教育是南京晓庄学院之本，密切关注中小学校教育的实际和学生发展的需要以及要面临的挑战和问题，使中小学教师的培养和教育落地生根，历来是学校抓好师范教育的出发点之一。其中，中小学心理健康教育中学生的心理援助，很早就是南京晓庄学院的心理学工作者十分关注的课题，从20世纪80年代中期，他们就开始了学校心理健康教育和心理咨询的探索与研究。

1991年10月，南京晓庄学院（原南京教育学院）批准成立了"学生心理测量与咨询中心"，经南京市教育局领导同意备案，面向社会挂牌为"南京市中小学生心理测量与咨询中心"，成为我国高校中首批成立的为社会服务的心理咨询机构之一。该中心的专业人员利用业余时间，正式为全市中小学生提供专业的心理服务，初步形成了一些为在校中小学生进行心理咨询服务的规范。随着一些咨询个案的成功处理，这一中心开始为一些学校、学生和家长所知晓，在一定范围内产生了较好的影响。

在积累了几年关于心理咨询与治疗的研究和实践的经验的基础上，针对当时中小学生心理健康的需要，相关的专业工作者开始有建立一个服务我市中小学生的心理咨询机构的思考和设想。与此同时，南京市教育局领导正在筹备建立一个服务中小学生的心理热线，需要得到专业上的保证。就这样，1992年，南京市中小学生心理援助中心（陶老师工作站）的前身——“南京市中小学生谈心与投诉电话”正式开通了。这部热线的开通，从一开始就建立在由教育行政部门领导、地方高校提供专业支撑的机制上，保证了这部热线以及初具系统化雏形的中小学生公益性心理服务机构的发展始终走在专业化的道路上。这期间，南京晓庄学院参与这一热线工作的心理学工作者，积极投入中小学心理健康教育全面开展的实践和研究，一支专业教学和临床实践相结合的教师队伍就这样成长起来。

在此基础上，南京晓庄学院于2001年成立了心理健康研究所，并逐渐发展成为现在的心理健康研究院，创建了应用心理学心理健康教育专业，成为学校应用心理学专业教学、大学生心理健康教育和心理咨询以及发挥专业资源优势服务社会的一个重要专业基地。

发挥专业资源优势服务社会是地方高校的重要专业职责，由心理健康研究院具体承办陶老师工作站，就是履行这项职责的一个体现。距创立到现在，工作站已走过三十年，一个较为完善的中小学生心理援助体系基本建立。值此之际，由心理健康研究院的老师和工作站的专业志愿者撰写的心理健康教育与研究丛书就要正式出版了。可以说，丛书的出版是这支专业队伍在理论研究和实践探索方面成果的体现，也是向他们一直深深关切的服务对象的汇报。

愿丛书的出版能给儿童以及青少年心理健康教育与心理咨询工作者有所参考和启发，也愿对关注孩子健康发展的家长们有所帮助。

南京晓庄学院心理健康研究院

陶勑恒

二〇二二年十一月十六日

撑一支灿烂的生命长篇，向心灵更深处漫溯（代序）

我是一个幸运的人，时常被命运之神眷顾。在从事中小学心理健康教育的道路上遇到了很多良师益友，他们助我在懈怠时找回动力、在迷茫时明确方向、在徘徊时拥有定力。他们就像能量满满的发动机，充满活力，总是给予我默默陪伴、时时温暖、及时支持。在他们的帮助和自我的努力下，我不断成长着。

有机会参与这本书的编写，也是缘于一段美好的遇见，那是一段与一群有教育情怀的人的美好遇见。

我是南京市栖霞区的心理教研员，同时也担任陶老师工作站栖霞分站站长。作为心理教研员，在日常开展各级心理课堂教学研究活动的过程中，在关注心理老师们教育教学技能和专业发展的同时，我还会关注课堂上不同学段学生的生命状态，尤其是特殊学生的情况。课堂展示后，在组织老师们研讨的过程中，我经常会听到这样的声音："学生的心理困扰和家庭有很大的关系。如果学生出现了问题，需要考虑是不是他家里遇到了什么事情。"与此同时，在栖霞分站接听父母热线和做学生个别辅导工作的过程中，我也深深感受到家庭心理健康教育对孩子健康成长的重要性。再加之我个人比较喜欢写作，我希望通过文字为自己的生命留痕，也期待通过文字为别人带去一点点启发和帮助。于是，我把日常见闻所引发的小小思考用文字记录下来，汇集成一些关于家庭心理健康教育的科普小文章，并把它们发在个人微信公众号“诗雨的天空”上面。

在担任心理教研员之前，我是一名一线教师。一直以来，记录教育教学过程中的点滴思考已成为我生活中不可或缺的部分。在日常教学中，在和孩子们相处的过程中，只要有想法我就记录下来，哪怕只是一两句话。无论工作多繁忙，我都不曾让手中那支乘风破浪的笔搁浅。在接触心理学以前，虽然也常写常发，但大多数时候我不好意思写上自己的名字，也许是不够自信吧。但学习心理学、从事心理健康教育后，我对自己有了更多的觉察，也慢慢学着去接纳不完美的自己，清晰的自我认知反而让我变得更加自信。现在，我在个人公众号里的每一篇文章都写上了自己的名字。我手写我心，其实我不是很善于用华丽的辞藻去书写，就只是把我的所思所想如实地表达出来。原以为个人公众号里的文字不会有多少人看，却发现，只要我写关于父母如何陪伴孩子的文字，点击率就会很高，被转发的也很多。常有人表示想要转发我的文章，想让我给他们开通转载权限。随着个人文章不断被转发，尤其是当我发现自己的随笔被“全国儿童青少年心理健康”公众号转发时，更激发了我要写更多关于家庭心理健康教育指导方面的文字的欲望，甚至也萌生要写一本这方面的书的想法。

我也是陶老师工作站的志愿者，每月我都会去参加志愿服务。有一次我去陶老师工作站值班，遇见了袁芳老师，她见到我很兴奋地说：“你来了，真是太好了，我正要联系你呢！我们正计划出书，我负责写家庭心理健康教育方面的专题，许院长特意向我推荐了你，我想邀请你和我一起完成。”我听后无比激动，立刻应允了下来。

袁老师是陶老师工作站的专职心理教师，专业理论扎实，专业技能熟练，行动力很强，为人热情豁达，能和她一起合作我非常开心，但也会有点压力，担心自己的专业水平不够高。袁老师看出了我的顾虑，鼓励我不用担心，表示她很看好我，也很信任我。我们经常研讨，早早商定了书名、选题内容及结构框架，并邀请了耿丽娜博士进行专业指导，不断完善，最终确定了这本书的内容框架。

这本书以“家庭心理健康教育指导”为主题，从不同维度阐述了父母如何应对孩子在成长过程中出现的一些常见问题。由于本书的读者主要是父母，因此我们在撰写的过程中努力让内容符合父母的养育现实、贴近父母的话语体系。全书分为“父母成长篇”“学习篇”“人际篇”“情绪篇”“自我篇”“适应篇”“如何养育特殊需要的儿童青少年”等7个专题。在“父母成长篇”中呈现了父母如何养育孩子的科普性文字，希望为父母提供关于养育孩子的理性思考，另外6个专题中列出了儿童青少年在成长过程中让父母烦心和操心的常见成长困惑，这也是现实生活中让父母头疼的并迫切希望得到帮助的养育议题。与此同时，书中没有深奥的养育理论，也没有晦涩的心理学原理，而是一个个鲜活的案例小故事(本书中的案例小故事是根据现实中的许多案例改编或撰写的)，例如孩子不自信、一到考试就焦虑、不爱看书、喜欢和父母顶嘴等。先用“情景”的方式呈现“故事”，然后再对“故事”进行“分析”，最后结合“故事”给父母一些“建议”。全书没有华丽的辞藻，几乎是用大白话的方式进行表达，父母阅读的时候就像在拉家常，拉近了父母和书的距离，同时，也会让父母产生一些思考。

感谢陶老师工作站许红敏院长的欣赏和肯定，感谢袁老师的支持和指导！

家庭心理健康教育是家庭教育的核心，我们希望本书能带给父母们一些支持、一点启示。正如“世界上不存在完美的东西”，书中也可能会有疏漏之处，敬请批评指正。

戴志梅

南京市栖霞区教师发展中心

二〇二二年九月

目　录

父母成长篇

常言道，父母是孩子最好的老师，父母的成长可以促进孩子更好地成长。可见，父母的自我成长是引领和促进孩子成长的重要途径之一。首先，父母的成长会给自己不断赋能，为自己注入能量，保持自我稳定，也为孩子提供心理资源和社会支持。其次，父母自我的成长，给孩子树立了一个良好的家庭榜样，孩子也会有意识地去模仿父母的行为。最后，成长使父母不断进步，使父母在与孩子的沟通和交往中不至于用太过落伍和陈旧的眼光看待孩子的发展，而是能够从孩子的角度去体会、去理解、去关心，与孩子建立良好的亲子关系，从而与孩子共同成长。

亲子关系是孩子最早建立起来的人际关系。父母的自身特点、对子女的养育方式和养育态度等，都会直接对孩子产生作用，影响他们的发展，也将影响他们今后的人际交往方式。亲子关系是个体和社会生活中重要的一部分，在幼儿期，它几乎是个体全部情感的依赖所在。而在童年期和青少年期，父母和孩子之间亲子关系的维系也对孩子有关键的意义，它对孩子如何进行人际交往、如何进行社会适应、如何面对挫折等有着深刻的影响。因此，对于父母来说，我们要破除“让孩子吃好喝好就行了”的陈旧观念，不仅需要自觉承担照料孩子的责任，也需要主动承担养育的责任，需要通过自身的成长，实现父母和孩子的共同成长。

在本章节中，我们同样聚焦于社会热点和父母关注点，着力于帮助父母实现自我成长，完成自我的飞跃。

1. 在对孩子的养育话题上，父母需要培养有幸福感的孩子，帮助孩子建立边界感，这对孩子的自我成长都是有极大裨益的。父母需要通过自身的努力，通过种种教育措施，帮助孩子成为心理健康的人，实现心理健康的目标，如有安全感、有自信心、有主动性、有幸福感、有自知之明、有良好的人际关系、能够适应环境等。

2. 在与孩子的相处中，父母也需要尽力提升自己。在亲子沟通中，父母需要学会去倾听孩子内心的声音，需要学会表达自己内心的想法，也需要高质量地陪伴孩子，实现高质有效的沟通，让孩子和自己都能够学会非暴力的沟通，认真地观察孩子的行动，耐心地倾听孩子的声音，真诚地表达自己的需求。另外，在面对青春期这一特殊时期的孩子，父母也要学习如何与青春期的孩子友好共处，尊重孩子的需要，注意保护孩子的边界感。这样父母和孩子才能互帮互助，共同成长。

做“60 分妈妈”

不知道您是否听说过“60 分妈妈”这个概念？这是一个很有趣且值得探究的概念。英国精神分析学家唐纳德·温尼科特提出了“足够好的妈妈”(good enough mother)这一概念，我国精神分析师曾奇峰在引进这一概念时，将其妙译为“60 分妈妈”。他认为，一个“100 分妈妈”容易将自己的孩子变得一塌糊涂，因为所有的不完美都投射到了孩子身上；一个“0 分妈妈”又太糟糕，是完全忽略孩子的妈妈，所以，在这两种极端的妈妈之间的就是“60 分妈妈”。

在我们的观念里，一个好的妈妈，应该是“100 分妈妈”，是一个完美无比的妈妈。其实不然，做一个“60 分妈妈”，即一个刚刚好的妈妈，就已经不错了，剩下的40分交给孩子自己去面对就够了。换言之，“60分妈妈”在婴儿时期会全然投入，为孩子提供食物和爱，让孩子体验安全和不安、亲密与孤独。这样的妈妈会带给孩子温暖，也会让孩子失望，但不会让孩子绝望。孩子的力量，以及他与“60分妈妈”相处的经验，让他相信这个世界是安全的，也相信在他需要帮助的时候会有人帮他。

“60分妈妈”也是一个能够让孩子去探索世界的妈妈。这样的妈妈敢于放手，因为她信任自己的孩子，并且和孩子保持一定的“间隙”，放手可以让孩子有丰富的体验。同时，妈妈又在不近不远的地方关注孩子。当孩子想要出去探索，妈妈是欣赏和鼓励的；当孩子想要回来，妈妈又会张开双臂欢迎他回家。但有时，这个“60分妈妈”也做得没那么好。当孩子哭着需要她的时候，她可能在回家的路上；当孩子发脾气的时候，她可能会搞不懂孩子这次到底要什么……总之，“60分妈妈”允许自己做得不够好，但绝不会“摆烂”。

如何做一个“60分妈妈”呢？“知方寸”，是做好“60分妈妈”的核心要义。那么，怎样才能做到“知方寸”呢？可能需要我们注意以下三点。

一是做好孩子生命成长的“支架”。“支架”俗称“脚手架”，本来是建筑行业的一个术语，具体指建筑楼房时搭起的暂时性支持，这种支持会随着楼房的建成而被撤掉。在孩子婴幼儿时期，“支架”是孩子的“安全基地”。随着孩子的长大，妈妈成为孩子生命成长的“支架”，为孩子的成长提供适时的、及时的支持。当孩子需要妈妈支持的时候，妈妈就适时介入、支持；当孩子成长得很好的时候，妈妈及时撤离，得体退出，让孩子独立应对成长中的各种挑战。

二是相信孩子拥有生命成长的“力量”。一些有问题的父母或家庭往往对孩子是高度控制或溺爱的。这源于他们对孩子的不信任，不相信自己的孩子拥有足够的成长力量。例如，有的父母会觉得哪里都不安全，用“包办代替”过度保护孩子；有的父母觉得孩子这个不行、那个不行，全方位操心；

还有的父母就是无条件满足孩子，甚至孩子不要的也都给他。这些方式导致孩子以自我为中心、过度依赖、很难理解他人。等孩子大一些，亲子之间容易出现冲突，有些孩子还会出现厌学、沉迷网络等问题。如果要做“60 分妈妈”，选择充分相信孩子，用适切的方式正向激励孩子，真诚表扬孩子，多看孩子进步的一面，那么，孩子慢慢就会变得有力量、有韧性，能够朝着自己期待的模样前行。

三是努力成为真正的自己。除了“妈妈”这个身份之外，每个人还有很多别的身份，其中最重要的一点是“妈妈是一个独立的个体”。随着孩子逐渐长大，“60 分妈妈”会把对孩子的关注逐渐转移到对自我的关注上，如会花时间照顾自己、会专注自我的兴趣与爱好、会发展更多的人际关系等。“60 分妈妈”会在育儿与关注自我中不断调整，寻求平衡，始终向孩子示范如何成为一个真实的、忠于自我的、关爱自己和他人的人。

做“60 分妈妈”，不过度控制，不过分焦虑，不要求自己无微不至、无所不知、无所不能，给孩子足够的照料就可以了。

这里的“60 分妈妈”，既可以是现实生活中的妈妈，也可以是照顾孩子的其他家庭成员。做“60 分妈妈”，说起来容易，但做起来不容易，需要不断练习，不断反思，不断调整。虽然说了这么多，但是知易行难，我们就在现实中一起践行吧！

找到适合孩子的养育路径

现在的父母，不缺育儿方法，因为有各种各样的育儿书籍，也有各种各样的养育讲座。比如关于婴儿睡觉的方式就有很多种：侧睡、躺睡、趴睡……面对这么多的育儿方式，我们该选择哪一种呢？有没有好的育儿方式呢？其实没有完美的育儿方式，只有适合孩子、适合父母的育儿方式。父母根据孩子的气质类型，通过亲子互动形成一种专属于父母和孩子的互动模式。

我们先来了解一下儿童的气质类型。美国心理学家、精神病学家托马斯(A. Thomas)和儿童心理学家切斯(S. Chese)通过追踪一组人群从婴儿直到其成人期的发展过程，把儿童的气质类型分为三种基本类型。

第一种类型是“容易的儿童”。这类儿童平时活动比较悠闲轻松，适应性强，心情愉快，对刺激的反应强度在低到中等之间，能建立起比较有规律的吃饭和睡眠习惯，对新的规矩、食物或人适应很快。到了学龄阶段之后，这类儿童也能较好地适应学校生活。

第二种类型是“兴奋缓慢儿童”。这类儿童的特点是平时活动时不易兴奋起来，相对来说不怎么活跃，容易退缩，而且反应缓慢，反应强度比较弱，对于外界环境的改变较难适应，从事竞争性工作会遇到困难等。

第三种类型是“困难的儿童”。这类儿童的特点是平时不大友好，难以高兴起来，在反应时常常表现得异乎寻常地强烈，在吃饭、睡觉等日常生活中缺乏规律性，容易为新的问题、心境所困扰，而且常有过于激烈的反应。

根据托马斯的统计，被研究的儿童中有40%属于第一种气质类型，15%属于第二种气质类型，10%属于第三种气质类型，其余35%的儿童的气质属于三者之间的混合。托马斯的理论认为，人一出生就大致可以分成这三种类型。气质的早期差异同遗传有密切关系，但后天的生活环境仍可以不断地塑造气质。因此，先天的气质会随着经验的增加而改变，但这种改变是非根本性的，是一种局部的改变。

我们可以看到，孩子会有不同的先天气质类型。这些不同的类型，对父母的养育形成了挑战。如果父母不清楚孩子先天的气质类型，用“随大流”的育儿方式去养育孩子，其实会给育儿带来很多的困难和麻烦，也会影响孩子的成长。如果父母能清楚自己孩子的先天气质类型，用符合其气质的方式去养育他，孩子的发展就会更好。也就是说，父母要用适合自己孩子的方式去养育他，同时也要帮助孩子更好地适应周围的环境。

孩子有先天的气质类型,但也会受后天的环境及互动的影响,进而在气质上有一些改变。孩子不断成长,他有先天的气质,如果他被很好地养育,就能逐渐发展出更丰富和更具适应性的特征。就好像一个孩子对味道很敏感,闻到一些特殊的气味,可能会有一些反应,如表现出要呕吐。如果父母自己本身对味道不敏感,也不知道他的这一特点,就很难理解这个孩子的反应,可能会觉得他矫情,也可能会批评他。孩子就会感到不被理解,表现出难过,小一点的孩子也许还会哭。这样的反应又让父母觉得这孩子太脆弱了。亲子之间无法彼此理解,长此以往父母很苦恼,孩子也很痛苦。但是如果是了解孩子特质的父母,看到孩子的反应,就会走过去帮助他,也许是说:"这个味道让你不舒服吗?是不是很难受?"也许是询问孩子:"你要不要离开一会儿?"在征得孩子同意后,带他离开。还可以在这件事情后,和孩子一起讨论他对哪些味道容易有哪些反应,可以用什么样的方式去处理,等等。这样的一些预想和准备,可以让孩子在下次面对的时候就不会慌张和产生大的反应。他可以在一次次尝试中找到适合自己的方式,也可以慢慢想到其他的办法去应对,这样孩子就会发展出较好的适应能力。

父母在育儿的过程中会影响孩子。其实,孩子也会影响父母。彼此互动,从而形成属于自家的亲子模式。这种模式不是一成不变的,它会随着孩子的变化而变化,父母和孩子都需要不断地调整才能彼此适应。但根本的是,父母给予孩子温暖和支持。就像很多父母对孩子说的那样,"我们永远支持你!"这种支持不光是喊口号,而是要在日常的互动、温暖的言行中让孩子感受到父母是和他站在一起的,是支持他的。父母在平时需要支持孩子。在孩子面对重大事件、面临极大压力的时候,就更需要支持了。这样的互动其实也是一种后天环境,这样的环境可以拓展孩子的经验,让他的气质类型有所发展。

容易型的儿童看上去是比较好养育的,兴奋缓慢型和困难型的儿童看上去不太好养育。但实际上,任何儿童都需要父母的爱和良好的家庭环境,任何的气质类型儿童都需要父母用心养育。育儿没有捷径，父母需要找到适合自己孩子的养育路径，形成属于彼此的独一无二的亲子互动。

用恰当的方式爱孩子

父母都深深地爱着自己的孩子，这一点毋庸置疑。但是在亲子互动中，这种爱往往会被“卡住”。父母不仅无法传递爱，还会用不恰当的方式去传递爱，让爱变形，导致父母和孩子无法亲近。父母对孩子不恰当的爱，大致表现在以下几个方面。

父母对孩子的爱，“控制”太多，“尊重”太少。现在有些父母会以“为孩子好”的名义，帮孩子做各种重要决定，将自己的思维强加给孩子。这样下去，势必会导致亲子关系恶化。每个孩子都是独立存在的个体，父母在面对孩子的时候，不能只想到孩子是未成年人，要想到孩子也是一个独立的个体，和父母一样有尊严、有思想，不能用控制的方式简单地对孩子。控制多了，亲子关系就会出现问题。例如，一个孩子提出自己的渴望——让妈妈帮他揉揉肚子，可是妈妈因为孩子之前不听话就不去回应孩子，孩子就会因此感到更难受。妈妈用这样的方式来“控制”孩子，孩子只会在心理上与妈妈疏远。如果父母的教育方式缺少对孩子的尊重，亲子关系就会变差，孩子必然也不会尊重父母。

父母对孩子的爱，“担心”太多，“放心”太少。每一个父母，在陪伴孩子成长的过程中，总会伴随着各种担心。适度的担心是正常的，可以让父母细心留意孩子的行为，及时调整教养方式，有利于孩子的健康成长。但是如果在某些方面过度担心，反而会让孩子有更大的压力，导致在这些方面的表现越来越差。例如，家有女孩的父母，往往会担心孩子的生命安全，会教给孩子各种自我保护的方式，会让孩子不要轻易和陌生人说话等。但是，如果父母在这方面的教育过度了，就会强化孩子的负性思维，导致孩子在人际交往方面出现障碍。孩子可能会变得封闭自我，不敢敞开心扉，不敢交朋友，甚至不敢和异性同学说话。如果父母能够给予孩子恰当的引导和充分的信任，那么，孩子在遇到事情时就会有自己的思考、判断和选择。

父母眼中的孩子，“缺点”太多，“优点”太少。孩子的成长是一个动态过程，会有做得不好的时候，也会有自身的局限，这需要父母的包容和帮助。如果父母认为自己的孩子一无是处，让自己失望，那么不仅会引发亲子冲突，让孩子感到失望、伤心，还会让孩子对自己产生怀疑，对与他人相处感到痛苦。面对这样的父母，孩子怎么能快乐起来呢？如果父母能够多看看孩子的优点，既能让自己变得稳定，也会更加欣赏孩子，进而在和孩子相处的时候多些耐心和鼓励。

那我们用什么样的方式去爱孩子才是恰当的呢？

父母对孩子的爱，应当多一些“尊重”，少一些“控制”。作为父母，需要更多地尊重孩子。父母愿意走进孩子，认真地倾听孩子的诉说，懂得孩子的感受，理解孩子的情绪和想法，并积极作出回应。在孩子成长的过程中，让孩子以适合的节奏成长，不拔苗助长，也不与他人攀比。允许孩子犯错误，和孩子一起面对错误、分析错误，让孩子在试错中成长。父母的尊重，会让孩子成长得更舒展、更有力。

父母对孩子的爱，应当多一些“放心”，少一些“担心”。父母要相信孩子有成长的动力，有变好的意愿，有照顾自己的能力，有应对这个纷繁世界的技巧。同时，也要相信自己的养育能力，相信亲子之间的依恋与联结给孩子打下的安全基石。父母适度地放手，孩子才能走出家门，才能勇于探索，才会走向更广阔的世界。

父母看孩子，应当多一些“优点”，少一些“缺点”。父母要有一双发现优点的眼睛，如果没有，父母可以用“放大镜”多找找孩子的优点。同时，父母也要带着“缩小镜”，减少对孩子缺点的频繁观察。发现孩子的优点，就好像给孩子打开人生的一扇窗，他会通过这扇窗去看到自己的优点，找到未来的可能性。如果他的窗户越多，他未来就充满更多的可能性。

愿我们的父母都能以最好的状态陪伴孩子，多一些尊重，多一些放心，多看孩子的优点，亲子之间可以变得更加亲密，孩子能收到父母的爱，也会愿意把爱再传递给父母！

有质量的陪伴

董卿曾在《朗读者》中说道："陪伴是一种力量，在这个世界上，失去了陪伴，也失去了生存的意义。"作为孩子，他们的健康成长离不开父母的关爱、呵护、指导与陪伴。父母是最好的家庭老师，也是陪伴孩子的最重要的人。哈佛心理学教授吉尔博特也说过："十年以后，你不会因为少做一个项目而遗憾，但你会因为没有多陪孩子一个小时而遗憾。"作为父母，我们如何为孩子提供有质量的陪伴呢？以下几点建议也许可以给大家一些参考和启发。

首先，父母要能成为孩子的玩伴，给予孩子情感上的支持。鲁迅先生认为："游戏是儿童最正当的行为，玩具是儿童的天使。"孩子需要游戏，父母不能只盯着学习而忽略孩子正常的娱乐需求，更不能因担心孩子沉迷玩耍而对游戏避之不及。恰恰相反，父母可以陪孩子一起玩游戏，在玩的过程中对孩子进行引导。其实，不同年龄段的孩子会喜欢玩不同的游戏。对于学龄前的孩子，父母可以陪他们搭积木、过家家；对于小学阶段的孩子，父母可以多陪他们去户外探索大自然；对于中学阶段的孩子，父母可以陪他们参加一些竞技游戏和科技活动。在这个过程中，父母可以通过和孩子一起玩各种游戏激发孩子自身的活力和潜力，不轻易否定孩子的想法和行为，多给予他们情感上的支持，成为孩子的盟友。在增进亲子情感的同时，还可以培养孩子的规则意识、语言表达能力，提高孩子人际交往和社会适应的能力。

其次，父母要能成为孩子的学伴，给予孩子学习上的帮助。现在很多父母在孩子的学习上花费了很多时间和精力，但做法却并不恰当。比如，看着孩子写作业，自己在一旁玩手机或是看电视，没有成为孩子学习的榜样；又或者，因为不放心，便一题一题地盯着孩子写，确保孩子这道题正确才可以进行下一题，打乱了孩子自主学习的节奏……这些都不是有质量陪伴的表现。当孩子在家写作业或学习时，父母可以放下手机，在一旁看书或者办公，保持着相互陪伴但互不打扰的距离，在默默关注和贴心陪伴中向着各自制定的目标努力。在孩子取得进步时，父母不要认为这是理所当然的，也不能因秉持"骄傲使人落后"的观点而忽略对孩子付出的认可。父母应及时鼓励，肯定孩子的努力与能力，提升孩子的自我认同感。在孩子遇到问题时，父母不要立刻采取批评的方式应对。如果孩子允许，可以先给孩子一个爱的抱抱，安抚孩子受挫的情绪，再和孩子一起分析问题产生的原因，寻找解决问题的方法，给予科学地指导，用理性分析取代情绪化反馈。这样不仅可以给孩子营造一个良好的学习氛围，减少孩子因学业不良而产生情绪，也是以身作则、潜移默化地影响孩子，还能提升孩子的自我效能感，帮助孩子形成良好的学习品格。

接着，父母要能成为孩子的伙伴，给予孩子生活上的关心。这就意味着，父母不能一直端着父母的"架子"，以"你听我说，我是你爸(妈)，我这是为你好""我吃过的盐比你吃过的米都多，你不听我的会吃亏的"等言语作为和孩子沟通的开启语或结束语。作为孩子的伙伴，父母可以适时关心，但有些时候父母不必事无巨细、无微不至地"事事包办"，而应给孩子一些自由的空间，将他们作为一个独立个体平等地对待。父母需要让孩子感受到，家庭是一个团队，每一个人都很重要，都有各自的责任需要承担。父母可以在生活技能上给予指导和示范，但也要给孩子实践和锻炼的机会。这样不仅能让他们感受到父母的悉心爱护，也充分体验到父母的尊重和信任。在孩子向父母倾诉时，父母要保持克制，不要立马对孩子作出评价，耐心听孩子诉说，感谢孩子的信任，鼓励孩子大胆表达自己的真实感受与想法，读懂孩子的需要并作出回应，努力与孩子同频共振，让孩子感受到父母的真心与暖心，让孩子有更加丰富的生命体验。

最后，父母要想真正成为孩子的玩伴、学伴和伙伴，给予孩子高质量的陪伴，需要转变一些不合适的教育观念，在日常生活中不断“修炼”自己。相信父母都能意识到，孩子身心的健康发展和良好的亲子关系都比学业成绩更为重要。要想实现这一目标，比起常态化的严词厉色，也许父母高质量的陪伴更有效。父母可以在生活中多多观察孩子，透过孩子的行为看懂他们真实的需求；也可以酌情将一些事情的主导权交还给孩子，作为辅助者积极参与其中。当发现孩子达不到自己的要求时，父母需要反思一下，是否忽略了他还只是孩子。当感觉到孩子的想法有些天马行空、难以理解时，父母也需要提醒自己，他们只是暂时的孩子，未来还要靠他们来创造。

“任何一个优秀的孩子，从来都不是从天而降的奇迹，而是父母用心‘陪’出来的。”希望我们的高质量陪伴，可以支持孩子向阳而生、茁壮成长。

“听见”孩子的声音

家是孩子心灵的港湾，给孩子带来安全感与依靠。当孩子遇到困难时，第一时间会想到向父母求助，如果父母能听见孩子的求助信号，知道如何倾听与回答，就可以成为孩子最好的倾听者、问题解决最有利的支持者。在孩子一次次的被“听见”、陪伴与支持中，孩子更能感受到父母的爱，感受到家的温暖。这种感受，能给予孩子底气，让孩子更有勇气去探索世界，面对困难和挑战。

有的父母会苦恼孩子越大越不爱表达，有什么事情都不愿意跟父母说了。很多孩子步入青春期之后，与父母的沟通越来越少，他们宁愿在网上与素未谋面的朋友聊天，也不愿和近在咫尺的父母谈心。即使有时父母主动找他们沟通，他们也爱答不理，或者敷衍了事，不想和父母做深层次的交流。父母大多习惯于单向表达，认为孩子的话很幼稚或者不对，理所当然地不好好听孩子说话。长此以往，亲子关系疏远了，父母很难了解孩子的内心世界，孩子也不愿意了解父母。在平日的生活中，父母需要引导孩子表达，给孩子表达创造机会。

鼓励。有些孩子需要一个邀请，才会开始说话。父母可以在轻松的氛围下，找准时间点，抛出橄榄枝，鼓励孩子开口。例如，可以在吃晚饭的时候关心孩子："今天在学校过得怎么样啊？有没有发生什么有趣的事情？"父母主动邀请孩子聊天时，可以放下手机和其他分心的事，保持和孩子的眼神交流。孩子会通过眼神与回答，判断父母是否对他所说的话题感兴趣。

好奇。对孩子的生活保持好奇。孩子的身份除了是学生，还是父母的子女、小公民。除了学习，孩子还需要交朋友、娱乐等。父母也可以多关心孩子学习以外的其他方面，好奇孩子在学校是否有好朋友、好朋友是谁、在班集体里适应得怎么样、孩子喜欢这个班级吗、孩子遇到困难是怎么解决的、保持好奇，可以让父母更多、更全面地了解孩子。好奇是关心，不是审问。当父母邀请孩子表达时，也要做好被拒绝的准备，邀请孩子在愿意说的时候说出来，尊重孩子表达的意愿。

耐心。人总是说得要比想得慢，对孩子来说更是如此。他们的词汇量和经验都非常有限，通常需要花比成年人更多的时间去组织合适的语言，有时候还需要父母帮忙理清自己的想法，所以父母需要留出充裕的时间耐心倾听。认真专注地倾听孩子说话，对于不清楚的地方可以询问孩子，让孩子感受到父母很关心他的想法，很在意他的感受。

当孩子愿意表达的时候，我们如何"听见"孩子的声音呢？

"听见"情绪。当孩子与父母分享他的故事时，父母可以留心观察他的神情是开心还是紧张，说话的语调是高亢还是低沉，他在这个故事里的情绪是开心、难过、激动还是紧张，等等。当父母"听到"一些情绪时，可以试着问问孩子："你是不是有些难过？""你是不是还挺开心的？"。有些父母难以接受孩子哭泣，认为哭是非常软弱的表现，不允许孩子哭。也有些父母不允许孩子在获得满意的成绩之后开心，认为那样会骄傲，而"骄傲使人落后"。孩子的情绪被压抑了，也会堵住孩子表达想法的冲动。

"听见"孩子眼中的故事。"妈妈我腰疼……""小孩子哪有腰！""爸爸，我作业写完了，我想……""你想看手机是不是，就知道玩手机！""我想你帮我检查一下作业。"父母有的时候听到一半，就以为能猜到孩子的意思，觉得没有必要听下去，开始对孩子说教，否定孩子的想法，孩子会觉得很委屈。"我吃过的盐比你吃过的饭都多"，有些时候父母会用这样的话语堵住孩子的嘴巴。久而久之，孩子因为不被理解，便失去了与父母交流的兴趣，认为与父母之间有"代沟"，无法沟通。父母希望孩子听话，却常常听不见孩子说的话；父母希望孩子懂事，却常常不懂孩子的心。孩子也需要被尊重。父母应保护孩子的自尊心，不能总是从自身经验出发而忽视孩子的想法，要理解孩子的愿望和努力，把孩子作为家庭中一个有思想、有需求、情感丰富的成员来看待。

孩子作为一个独立的个体，他会有自己独特的想法，尽管这些想法有的时候不够成熟，甚至有些偏差，也是需要被父母看到和重视的。"一千个读者就有一千个哈姆雷特。"每个人看待同样一件事的角度不同，看法可能也会不同。尊重孩子自己的想法，不强行扭转孩子的想法。当我们充分地倾听孩子眼中的故事，可以让我们更加地了解他们。

"听见"孩子的需要。孩子可能是叽叽喳喳地说个不停，也可能是默默地流泪哽咽，又或者是平静稳定地讲着白天发生的故事。当孩子在跟你聊天时，父母要留心孩子情绪背后的需要，他想要你帮助他什么。有时候父母可以观察，有时候也需要询问孩子："看到你这么难过，我可以帮你点什么呢？"与孩子一起探讨如何应对困难与挑战。

也许孤单时，想要父母认真地听自己说话，孩子能感觉被重视；也许开心时，想与父母分享；也许受委屈时，想获得父母的理解和支持；也许难过时，想得到父母的安慰。

每个孩子，不分年龄大小，都渴望父母关注自己的点点滴滴。每个情绪背后，都有它的原因，对孩子而言都不是一件小事。作为父母，最好的支持就是听孩子把话说完，真正弄清楚孩子的想法是什么。“听见”孩子的声音，孩子将更有力量去面对，也许困扰将不再是困扰，问题也将不再是问题。

做情绪稳定的父母

家是孩子温暖的港湾，是孩子遇见开心事时首先想到要去分享喜悦的领地，也是孩子遭遇不开心后第一个想到要去倾诉苦恼的地方。如果家庭氛围是愉悦轻松的，孩子就愿意在这样的家里和父母分享；反之，如果家庭的氛围是不稳定的，这个孩子的情绪状态则无法保持稳定。父母是孩子的一面镜子。在这面镜子里，孩子的情绪可以折射出父母在家时的情绪状态。

情绪是会传染的。国外有一本对此做了巧妙解读的连环画：有个小男孩儿心情不好，在路边遇到一条小狗，便狠狠踢去，吓得小狗狼狈逃窜；小狗无端受了惊吓，见到一个西装革履的老板便汪汪狂吠；心情不好的老板在公司里逮住他的女秘书大发雷霆；女秘书回家后把怨气一股脑撒给了莫名其妙的丈夫；第二天，这位身为教师的丈夫如法炮制，对自己一个不长进的学生一顿臭批；于是挨了训的学生，也就是在这之前所说的那个小男孩儿，就怀着一种很恶劣的心情回家了；在回家的路上又碰到了那只小狗，于是他二话不说，又是一脚踹向了那只狗……

这种“情绪传染”在家庭中很常见。一个焦虑的妈妈，无论孩子做什么，她可能都会有担忧，这样的担忧会让孩子在家庭中变得小心翼翼；一个暴怒的爸爸，孩子即使没做错事也会惹怒他，继而冲孩子吼叫甚至打骂，这种无缘由的愤怒会让孩子在家庭中惶恐不安……这些负面的情绪传染对孩子的成长没有任何益处。

曾有父母说过："我也是人，白天在单位工作压力也很大，也需要情绪宣泄。"这的确是事实，成人的世界很难。但是，作为成年人，你是选择适切的方式释放自己的压力和负面情绪，还是直接把负面情绪转嫁给无辜的孩子呢？父母在理智和清醒的时候可能会选择前者，然而一旦父母被情绪扰动，再去选择的就有可能是后者了。可能有的父母会问："那我怎么做才能让自己情绪稳定呢？"

父母首先要感受自己的情绪。成年人容易忽略或回避自己的负面情绪。一开始，父母可以试着慢慢去感受，让自己的负面情绪稍微停留一下，而不要着急去解决各种问题。父母如果能感受到自己的情绪，接下来可以试着表达自己真实的感受和想法，即表达情绪。举个例子：周日晚上，孩子还有很多作业没有完成。父母喊孩子去写作业喊了三遍，但是孩子看书看得太投入了，完全没反应。父母有些生气和着急。这时可以跟孩子说："我喊了你三遍，你都没有反应，我有点着急，因为你的作业还有很多没有完成。"但如果我们感觉不到自己生气了，直接冲着孩子吼："喊你一遍两遍不听，你的耳朵是摆设吗？"这其实是一种情绪化表达。这样的表达只会让孩子感受到负面情绪，他的注意力会从自己感兴趣的事情上转移到对情绪的关注上，孩子的状态被扰动了。如果被扰动的频率较高，孩子的成长也会因此受到影响。所以，在日常的生活中，父母要学会表达情绪，但要避免情绪化的表达。同时，父母也可以采用与信任的人聊一聊、哭一哭、换位思考、运动等方式，及时进行负面情绪的宣泄和处理。父母既有情绪表达的能力，也能面对和处理自己的负面情绪，自我的感受被照顾到了，自我的状态也就变得稳定了。

如果父母能保持情绪稳定，无论遇到什么事情，都能心平气和，而不是声嘶力竭地爆发，就可以给孩子一个非常好的成长环境。在这样的环境中孩子能感到安全，可以专心探索，会从容不迫地按照自己的节奏前进。

即使父母能够感受情绪，知道表达情绪，但偶尔还是会失控。这其实也很常见。父母可以做另一件事情——在情绪爆发后修复关系。父母和孩子一样，有各种各样的脾气和秉性，也有自己的脆弱和容易被激怒的点，再加上某些时刻状态不好，就更容易情绪失控，可能会情绪化表达，甚至会不小心伤到孩子。事后，父母不要假装没有发生，而是要向孩子说明、向孩子道歉。有时候因为内疚，父母会允诺孩子："我下次肯定不这样。"如果父母做不到，就不要随便向孩子承诺，而是应当考虑在同样的情况下，如何自我调整，让自己可以表达情绪。即使不能立刻心平气和，在感觉情绪快要失控的时候，也可以选择暂时离开。这个"离开"是指不和孩子待在一个场域里面。这样就可以不用情绪化表达，避免伤到孩子。这个离开应当在平时和孩子约定好。如，当父母有情绪处理不了时，去另一个房间待一会儿，等自己情绪稳定了再回来沟通。向孩子道歉，也是父母尊重孩子、在乎孩子感受的表现。父母需要为自己的言行负责。如果真的伤到孩子，父母应当真诚地向孩子道歉。很多孩子立刻就会表示原谅。在亲子关系出现破裂后，父母用自己的行动修复了彼此的关系，孩子也能从中学习经验。

在生活中，父母会遇到各种不如意，孩子也会遇到种种挫折和困难。作为父母，我们所能做的第一件事，就是用稳定的情绪去面对我们的孩子，选择去理解、鼓励、关爱、引导，学会等待，学会陪伴，学会做孩子强有力的支持者。

做情绪稳定的大人并不是一件容易的事情，需要不断练习，不断调整。父母要允许自己做得不够好，正如允许孩子那样，但也不会因此就停止改变。每一个孩子，也许成不了父母心中理想的样子，但是他们在不断学习和成长。我们可以和孩子一样，学习成为一个情绪稳定的大人。

因为情绪稳定，对孩子而言，就是一种无言的、积极的示范和正向激励，是孩子面对种种问题的底气，是父母送给孩子最好的礼物。

和孩子一起面对负面情绪

情绪是作为人而特有的一种主观体验。每个人的情绪都是丰富和多元的,情绪本身不存在好坏。我们将有建设性的情绪称为正面情绪,而有破坏性的情绪称为负面情绪。

现实中,很多父母对孩子的正面情绪能够欣赏和接纳,但是对孩子的负面情绪就不那么容易接纳了。因为父母的大脑发育比较成熟,对情绪的控制和管理能力比较好,而孩子的大脑还在发育中,尤其是控制情绪的部分发育还不完善,导致孩子容易情绪化。父母在面对和处理时往往更容易关注情绪带来的影响,像灭火一样,只想立刻把负面情绪消灭掉。生活中,我们有很多对负面情绪的误解,比如"小孩子有什么不开心的""孩子控制不住情绪就是父母没有教育好"等,不妨一起来看看。

"小孩子有什么不开心的。"确实越小的孩子正向的情绪体验越多,因为他们吃饱喝足、被照顾好就很满足了。但随着孩子的长大,情绪变得复杂,成长中的挫折带来的负面情绪也会变得多一些。所以,小孩子也会感到不开心,也会有自己的负面情绪,需要父母的关注和帮助。

"孩子控制不住情绪就是父母没有教育好。"孩子有时很敏锐,他们能很快地感受到情绪,可是又不像成人一般拥有控制情绪的能力。越小的孩子越难识别和控制情绪,他们往往用发脾气、摔东西、伤害自己、攻击他人等行为去表达情绪。这样的表达其实是一个信号,传达的是孩子需要被理解、被帮助,而不是需要父母的教育。父母也不需要因为孩子控制不住情绪而感到压力大,而是可以把目光放到孩子身上,去观察孩子的情绪、行为,也试着理解这些情绪和行为往往反映了孩子的哪些需要。

父母应当如何帮助孩子面对和处理负面情绪呢?首先,能够观察和识别孩子的情绪。尤其是在孩子有情绪、有行为表达时，父母要么直接指出孩子的问题行为，“不要哭，这没什么大不了的”“有话好好说，不要扔东西”“你这孩子怎么脾气犟”；要么就是装作看不见，忽略孩子的情绪及行为。前一种反应带有指责的意味，会让孩子觉得自己的情绪不被接纳、这些情绪是不好的、不可以有这些情绪。这对孩子去理解和接受自己的情绪会产生不利的影响。后一种则会让孩子用更激烈的方式来吸引父母的注意，让父母不得不去关注他。其实父母可以仔细观察孩子情绪变化的前后及事由，鼓励孩子自己说出事件及感受。如果孩子表达起来有困难，父母可以帮助他表达，这样孩子对自己情绪的识别和表达也会更容易。父母认真听并不带任何评判，则会让孩子感受到即使是负面的情绪也是可以被接受的。这些情绪并不会一直存在，可以用一些方式去处理和调整。

其次，是对孩子情绪的理解。父母可以尝试去表达对孩子的理解，如“玩具被弄坏了，好难过”“今天我们来晚了，没有拿到你最喜欢的玩具，好气，我们看看现在还有什么好玩的”。但理解并不意味着需要立刻满足孩子的需要。如果孩子出现不恰当的行为，还是需要父母指出来的，如“打人是不对的”“乱扔东西是不对的”等。当情绪被理解了，孩子的状态可能就缓和了。

最后，和孩子一起来商讨处理情绪的方式，即解决问题。父母可以用提问的方式来启发孩子，如“玩具坏了，是真的没法玩了吗？可不可以修一下”“今天来晚了没有玩到，那下次我们可以怎么办呢”如果在情绪缓和后，孩子可以思考父母提出的问题，就说明他能从情绪宣泄转为问题处理了。

在面对孩子的负面情绪时，如果按照上面的步骤处理后看到孩子的情绪并没有得到缓解，父母就需要思考：是不是自己对孩子的情绪理解错了？是不是表达不恰当？如果理解错了或表达不恰当，父母可以及时调整，再次尝试理解孩子的负面情绪。

在日常的生活中，父母可以多尝试，但并不意味着孩子一有负面情绪，父母都需要去理解和帮助，有些现实的限制带来的负面情绪是可以被理解的，但却无法解决。孩子在感受负面情绪的时候，如何调整自我去接受现实也是很重要的。有些时候父母看到了孩子的负面情绪，但是当时的情况并不允许父母直接接触孩子。此时，父母可以耐心地等一等，看看孩子在没有父母帮助的情况下是如何自己调节负面情绪的。随着年龄的增长，发育正常的孩子的情绪调节能力也会有所发展。

我们每一个人都非完人，都会有喜怒哀乐，父母也是。当负面情绪来临的时候，应正视自己的负面情绪，正视它们到来时自己身心状态的变化，进行自我觉察，用适合的状态去应对。父母对负面情绪的感受及处理的过程，是父母理解自己、照顾自己的过程，也是父母很好地理解孩子负面情绪的经验。父母能更好地面对自己的负面情绪，才能更有能力去面对孩子的负面情绪。

父母对孩子的观察和了解，对负面情绪的耐受，亲子之间的信任与良好的互动，都能帮助父母更好地面对和处理孩子的负面情绪。

帮助孩子建立边界感

在慢慢长大的时光里，孩子会逐渐发展出独立性，进而发展出与家人、朋友、他人之间的边界感。什么是边界感？简单地说，就是“我是我，你是你，我们之间是有一定距离的”，这个距离具有保护自己和尊重对方的意义。边界感在人际关系中是非常重要的，合适的边界感能够使双方的关系不过于黏稠，有独立的空间并感觉到自己被尊重。但是边界意识又是我们非常缺乏的东西。比如，有些父母不允许孩子有自己的小秘密，希望什么事情都和家长说；有些人在友谊中，表现出希望对方和自己分享任何事情，不允许对方有其他亲密的伙伴；有些孩子在公共场合大吼大叫，在安静的场所肆意吵闹；等等。这样没有边界意识的行为如果一直持续下去，将会带来不良的结果。

那父母如何帮助孩子建立边界感，培养孩子守住边界的能力，同时也让孩子学会尊重他人的边界的能力呢？

孩子放学回家在自己的房间写作业，父母是要求孩子把门打开写，还是让孩子关上门自己写呢？我曾在一个班级里做过一次调查，只有少部分学生是自己独立完成作业的。其余的孩子表示，要么自己的父母会陪自己写，要么父母明确要求自己把门打开。还有的孩子表示，虽然能够关上门自己写作业，但是父母有一方会时不时地直接进房间看自己。孩子通常都不喜欢这种行为，一方面觉得不被信任，另一方面是感受到父母对自己边界的侵犯。在自己的房间，却不能行使自己的权利，孩子自然会不舒服。到了孩子青春期，很多父母都还没有意识到进孩子的房间需要敲门。父母没有边界感，自然无法培养孩子的边界感，还会破坏孩子的边界感和安全感。所以，父母如果想帮助孩子建立边界感，首先要给孩子一个能够自己控制和独处的空间，也就是帮助孩子建立物理上的边界感——自己的地盘自己做主。当然这并不是说父母就坚决不能干预孩子的独立空间，还是要起到监督作用，比如提醒孩子整理好房间等。

帮助孩子建立边界感的第二个方面，就是帮助孩子建立身体上的边界感。自己的身体自己做主，可以和任何人说不，包括父母。最近几年，关于儿童性侵、校园霸凌等方面的新闻，时有听闻。这让父母很恐慌。在小学，班里经常会有孩子跟老师告状，说有小朋友打他，而这位被告的小朋友通常反驳道："是他先碰到我的！"如果孩子回家跟父母告状，遇到这种情况，父母该如何跟孩子说呢？想要让孩子保护好自己，首先需要让孩子明白自己是身体的主人，需要照顾好它，知道自己身体的边界在哪里，当别人的亲近让自己感到不舒服时要及时去表达和拒绝。父母可以和孩子具体罗列每一个相处的对象，在这个过程中引导孩子明白什么是安全距离和不安全距离，逐渐形成身体的边界。回到刚刚的问题，如果孩子回家向父母告状，父母可以先肯定他的做法，说："你这样做是在向他表达被侵犯的不满，是在保护自己。”同时，父母也可以提醒孩子，对方被你碰到了也不开心，引导孩子意识到在之后与他的相处中，要尊重他，尽量和他保持好身体距离。这也是在保护自己，维护自己身体的边界感。

最难的也是最重要的部分，父母需要帮助孩子建立心理上的边界感。在大多数的亲子关系中，心理上的边界感是较难形成的。因为传统的中国家庭大都会有一位贤惠的母亲，常常包办孩子的各种事情，无论事情大小都替孩子决定。虽然现在一直强调亲子双方进行沟通，结果往往是孩子把想法说出来，父母继续按照自己的想法规划孩子的人生。例如，在为孩子报各种辅导班的时候，孩子想拒绝，父母表示理解，紧接着却又是一串孩子无法拒绝的、必须要去的“好处”。父母觉得尊重了孩子，实际上孩子的真实想法还是被打断了，没有被倾听到。所以在与孩子协商的时候，应当多给孩子一定的话语权，让他勇敢表达。父母也要认真倾听，尊重孩子的边界。

还有些父母喜欢和孩子诉苦，比如“我这么辛苦还不是为了你”。如果父母经常有意或无意地向孩子传达这样的观点，那么孩子的心里必然是非常难受的。父母这样的表达，实际上是想把自己和孩子绑在一起。孩子听到为了自己好，却让别人很辛苦，必然会内疚。这样的话语会导致两个极端，孩子无法与你分离，或者孩子不再与你亲近。属于自己的感受，最好自行消化，否则孩子也会经常和他人抱怨，那么人际关系可想而知。

另外，存钱也是一种培养孩子边界感的好方法。压岁钱自己存着，孩子对自己的财富才有掌控感。

总之，在建立边界感的过程中，孩子需要父母耐心陪伴，从小事入手。父母需要注意培养孩子物理范围的边界、身体的边界以及心理的边界这三个部分，尤其要保护好孩子的物理边界和身体边界，这两个是基础，这样孩子才能更好地发展高一级的心理边界，使他们在与别人的相处中得到尊重和爱。

与青春期孩子相处

青春期也称“青春发育期”，是孩子走向成人的过渡期，是其身心全面发育的一个重要时期，也被称为“疾风骤雨”期。一提到“青春期”，很多人会自然而然地联想到“叛逆”“冲突”等词语。确实，父母与青春期孩子相处时很容易发生不愉快的事情。那么父母该如何与青春期的孩子相处呢？

第一，理解孩子的身心状态，学着换位思考。从发展心理学的角度来看，青春期孩子的身体发生着急剧的变化，这必然给他们的心理活动带来巨大的影响，使其表现出反抗性与依赖性、封锁性与开放性、勇敢与怯懦、高傲与自卑、否定与眷恋等看似矛盾的心理活动与行为。孩子的身心发展失去了平衡，在心理上也表现出矛盾重重，严重者还会在情感和行为上出现偏差。作为孩子最亲的父母，可以通过网络、书籍等了解孩子的身心变化，不将孩子的烦恼视为“杞人忧天”，换位思考，体谅孩子内心的“烦恼”。诚然，青春期孩子遇到的那些问题，如好朋友不理自己了、总是被取笑、无缘无故就想发火等，在成人看来也许不值得一提。但是对于未成年人而言，就是天大的问题。父母也许没办法帮他们解决，但只要认真倾听且感同身受就够了。

第二，正确认识青春期。除了青春期的身心变化，父母还应该中立地看待“青春期”一词，不将它与任何褒贬词语联系在一起。幼苗破土而出必然会与土壤产生诸多摩擦。如若土壤有感受，一定会被摩擦得叫苦不迭。但只有冲出土壤，幼苗才有机会开花结果。青春期的孩子就如同幼苗一般，而保护、爱护他们的父母就如同土壤一般，在孩子逐渐有了自己思想与见解之时，也必然会与父母产生一些冲突，而这些所谓的冲突正是他们生命力的体现。一个没有自己想法、时刻顺从父母的青春期孩子，才让人更担忧。作为父母，难道希望30年后的子女依然事事无想法、无主见吗？那就如同还未来得及破土就夭折的幼苗一般。

第三，给孩子正确的身份认同。根据埃里克森的人格发展八阶段理论，青春期的孩子要处理的矛盾是自我同一性混乱，了解自我在家庭中的身份定位很重要。很多青春期的孩子有这样的苦恼：当自己发表一些看法时，父母说自己还是小孩子，从而否定自己的意见；当父母想让孩子做事时，又再一次告知孩子已经变成大人了。在两种矛盾语言的夹击下，孩子无所适从。青春期的孩子还未成年，但是他们的身高、体重都已经接近成年，在心理上想要与成人平等以待，但又因能力和阅历有限，无法与成人等同，其内心已经非常矛盾。作为父母，应该在心理上认可孩子的成人感，当孩子做不到时，给予方法与策略上的支持，从而促使其对自我身份的认同。

第四，注意与孩子沟通的方式。不翻旧账，不否定未来，不批评具体行为，不抱怨，多思考方法。青春期的孩子学业通常会较紧张，面对学业压力，父母难免焦虑、急躁，在负面情绪的驱使下，难免会“语言伤人”，而青春期的孩子又看不到情绪背后的关爱，很容易导致亲子关系剑拔弩张。作为父母，与孩子沟通时一定要多注意沟通方法。当孩子屡次出现错误行为时，要做到不翻旧账、不否认未来。也许父母轻易出口的一句“我看你以后怎么办”，就可能被孩子误解为“爸爸妈妈认为我没用”；也许父母轻飘飘的一句“你已经犯过好几次了”，就让孩子关上沟通的心门。针对具体错误，就事论事，就当前错误开展教育，即使当次教育没有效果也不用担心，人生路还很长，亲子相处还有很多机会。只要良好的关系还在，父母就可以择良机再教育。

即使父母做到了以上几点，还是难免与孩子产生冲突，怎么办？没有关系，可以按照下列步骤处理：

第一步，自己冷静下来，告诉自己没事的，因为有冲突才说明大家都是有想法的人。如果冷静不下来，就暂时离开现场，到外面转转，或者到房间清净思考一会儿。

第二步，就自己的态度给孩子道歉。可能很多父母觉得不可能，这样会不会让孩子“蹬鼻子上脸”？这里所说的道歉是针对自己的说话态度，而不是对自己的全盘否定。例如可以这样说：“孩子，我刚才对着你大声吼了。即使我们两个都很大声，但是我依然觉得我吼你是错的，我必须承担自己那份错。我向你道歉，不应该大声吼你。我答应你，以后我会尽量不吼你。如果做不到，我会向你道歉的。”学会向孩子道歉，也是尊重对方、在乎对方感受的表现，同时孩子也能从父母身上学到做错事就要勇敢认错的精神。

第三步，认真思考这件事背后孩子所欠缺的东西，寻求契机进行教育。可以是行动上、场景上的，也可以借助于他人之力。没有解决的问题可以交给时间，毕竟整个人类还有那么多的未解之谜，不是吗？有时候，父母会担心孩子的升学问题，无法用大量的时间去实践这种教育，因此会产生很多焦虑，这种焦虑又作用于孩子。我想请问这样的父母：你们的每次焦虑起到积极作用了吗？无一例外，都起到了反作用。与其这样，还不如悄悄等待教育契机或者慢慢制造教育时机。

与青春期的孩子相处，方法很多，不一定都适合自己家的情况。但本着“尊重、平等”的态度对待家里那个即将成年、若干年后还会为我们出谋划策的青春期孩子，一定是正确的选择！

培养有幸福感的孩子

幸福，是一种能够长期存在的平和、舒畅的精神状态，而如何追求幸福也是一个需要我们去终身探究的话题。从积极心理学的角度来说，关注幸福比关注悲伤更为重要，因为这关系到我们如何向上生活。然而现在的社会状况却是抑郁症的发病人群愈发广泛化、低龄化，即越来越多和越来越小的孩子出现长期的情绪低落情况。研究显示，我国儿童、青少年抑郁症发病率逐年上升，全球接近1.3%的患病率。因此，培养有幸福感的孩子在当前状况下更加重要和紧迫。

幸福感作为心理健康的本质特征，对于提高个体生活质量、提升自我潜能、帮助个体更好地适应社会和生活，乃至对于社会的和谐发展都有着重大的意义。培养有幸福感的人，不仅意味着能够降低抑郁症的发病率，也意味着人们可以更加和谐地成长和生活。

因此，培养有幸福感的人，要"从娃娃抓起"。心理学大师弗洛姆说，爱不仅是一种状态，也是一种能力。这个道理对于幸福来说，同样也是适用的。幸福不仅是一种状态，更是一种能力。因此，幸福感是需要培养的，也是可以培养的。幸福感的培养可以从小做起。

那么，对于父母来说，如何培养孩子的幸福感呢？这是一个值得深思的问题。

首先，亲子关系对于孩子幸福感的影响深远而持久。假如一个孩子成长于一个满是争吵和打压的家庭中，和父母的关系十分不和谐，他可能很难获得幸福感，但如果孩子成长于一个温馨、有爱的家庭中，他获得幸福感的概率会大大提升。

在电视剧《小欢喜》中，英子喜爱航空模型，但是妈妈以高三学习压力大为由，几乎不让她有自己的时间，禁止她去接触航空方面的事物，甚至给她的卧室安装了透明的玻璃，以方便督促她学习为理由，不停地监视英子，挤压她的个人空间。尽管英子的爸爸会背地里支持她，但是由于在父母离异后，英子和妈妈生活在一起，只能在大多时候听从妈妈的指挥。于是，英子在妈妈的高压控制下，患了抑郁症。这是一个生动的例子。它说明了假如一个孩子活在一个充满压力的环境中，就很难获得幸福感。而在这部电视剧中，另外一组家庭——方一凡的父母都是开明且温和的。在这种情况下，方一凡与父母的亲子关系自然也是十分和睦。因此，虽然方一凡的成绩算不上特别优异，但是他的幸福感非常强，因而他的心理状态比英子更好，做事不慌不忙。在遇到困难时，他也能表现出极高的心理弹性，不被自己的消极情绪所左右，最终他考取了南京艺术学院。

因此，父母有义务去维持一种和谐的亲子关系。在平时的生活中，耐心地倾听孩子的心声，给予孩子充分的理解和支持，不打压、嘲讽孩子，把孩子看作一个平等、独立的个体，而非自己的附属品。这样，孩子才能健康、稳定地成长。在遇到问题时，孩子也会回想起“家是最温暖的港湾”“父母一定能支持自己的选择”，而不是害怕父母会施加压力于自己，从而充满力量地走下去。

其次，父母可以在平时的生活中，有意识地发现孩子的优势，实时地赞美孩子。积极心理学之父塞利格曼在其著作《真实的幸福》中，着重强调了这一方法。当孩子表现出某些方面的优势时，假如父母可以适当地赞美孩子，甚至给予奖励，那么孩子就能够有意识地多做这个方面的事情，享受做这件事带来的积极感受。从而，孩子会发展出自身的独特优势，并体会到专注行动带来的幸福感和控制感。

对于父母来说，经常地陪伴孩子，和孩子交流有助于发现孩子的优势。在孩子小的时候，父母可以多和孩子一起玩耍，注意观察孩子在游戏中表现出来的特征。假如孩子动手能力强，可以夸奖他：“你在认真地搭积木，搭得真漂亮！”孩子在听到这句话后，搭积木会更有动力，这就是他优势发展的开始。当父母有了一双发现的眼睛，学会看到孩子积极的方面，孩子也能够长出一双发现的眼睛，看到自己身上的优势，做自己有优势的事情，活得更幸福。

塞利格曼在其著作中还提到应少说否定的词语，比如“不”“不要”，要选用积极的替代词语。他举了一个例子：当他的孩子在玩具店里面开始吵着要某样东西的时候，他没有立即说“不行”，而是对孩子说：“你的生日还有两个月就到了，我们会把这个玩具加入你的礼物清单中。”这个方法成功地将孩子冲动的要求转换为对未来的期望。同时，孩子听到了这句话，也不会有被否定的不愉快的感受，而是产生了对未来积极的向往。

最后，在孩子遭遇挫折时，鼓励孩子进行自我探索，对于孩子的幸福感养成也大有好处。父母不要急于给孩子一个标准答案，而是可以让孩子自己想一想、试一试，这在一定程度上是给予孩子选择权。孩子能够从自由的探索中找到应对挫折的方法，这会极大地增强他们的自信心，提升幸福感。

假如孩子跌倒，父母不要急于扶着孩子起来，而是鼓励孩子多试试，自己学着站起来。孩子在自己摸索着站起来的过程中，可以发现身边的资源，一旦找到资源，就可以快速地学会应对挫折。那么挫折对于孩子来说，也不会造成很大的打击，反而能够增强他对自身的控制感。父母也可以在孩子站起来之后，及时赞美他，这样就能够强化孩子应对挫折的能力，并增强他的信心。

父母常常会焦虑于孩子的成长，想要让孩子成为全能的人，不要输在起跑线上。但是，从积极心理学的角度来说，别让孩子输在幸福的起跑线上，才是对孩子的成长更有益处的。

学习篇

学习对于中小学生来说，是非常重要的事情。根据著名的心理学家埃里克森的人格发展八阶段理论，学龄儿童(6—12岁)需要面对勤奋与自卑的冲突，否则会影响青少年阶段的发展。因此，对于儿童和青少年来说，学会学习是非常重要的。它可以帮助学生获得勤奋感和能力感，培养对以后的工作和生活的信心及动力；还可以帮助儿童和青少年调动自己的积极性和主动性，培养学生解决问题的能力。

儿童和青少年的大部分时间都在学校中度过。在学校生活中，他们可能会遇到一些学习上的问题，比如对学习提不起兴趣、没有良好的学习习惯、不知道如何设置学习目标等。在成长的过程中，父母需要发挥自己的作用，陪伴孩子去应对学习上的问题。这对孩子养成良好的学习习惯、提升学习效率、培养学习目标等，都有很大的帮助。

在学习篇中，针对社会上较为热点的学习问题，我们主要会帮助父母解决以下几个方面的问题。

1. 学习习惯的培养。学习习惯，是在学习过程中经过反复练习形成并发展成为一种个体需要的自动化学习行为方式。养成良好的学习习惯，有利于发挥学生的主动性，让学生爱上学习；有利于学生找到适合自己的学习方法，提高学习效率；有利于培养学生的创造性思维，使学生成为一个有创造力的人。在这个话题下，我们针对父母比较关心的问题，比如如何让孩子有好的学习习惯、孩子写作业拖拖拉拉怎么办、孩子学习的时候总是注意力不集中等，尝试着给出教育建议。

2. 学习动机的激发。学习动机是直接推动人们学习的直接原因和内部动力，学习动机说明了学生是否想要学，想要怎么学、学什么。良好的学习动机可以帮助孩子提高学习效率，增强学习的积极性。在这个话题下，我们针对父母比较关心的问题，比如孩子不爱看书怎么办等，试图寻找对应的教育思路。

3. 学习情绪的应对。在学习中，孩子会产生各种各样的情绪，比如焦虑、紧张、害怕等。在这个话题下，我们着力帮助父母面对孩子在学习中可能会产生的负面情绪，比如孩子一到考试就焦虑等，试图从父母的角度提供教育方法。

孩子考试焦虑，怎么办

情景故事

小红是一个读小学五年级的女孩。她出生于书香世家，爸爸是律师，妈妈是老师。爸妈工作很忙，很少管她。她性格乖巧，对自己要求很高，成绩也一向都很优秀。上五年级后，她的身高一下子长高了不少，可是，她也变得越来越在意自己每次的考试成绩，即使是单元小测验，她也会焦虑。爸爸妈妈对她的学习成绩没有过高要求，多次安慰小红，考试只要尽力就好，即使考砸了，也没关系。爸妈的安慰一开始还管用，但是时间一长，小红依旧焦虑。考前睡不好，考试时一遇到不会做的题目就慌乱，心里想着“完了，要考砸了”。她这样的状态影响了她的发挥，考试成绩总是不理想，让她特别沮丧。班主任发现了小红的这种状态，找她谈话，鼓励她放松自己。班主任也及时与小红的爸妈沟通，爸妈也觉得很无奈，自己能做的都做了，不知怎样才能帮到小红。

故事分析

小红为何一到考试就焦虑呢？

1. 小红对自我的高期待。小红对自己要求高，成绩一向都很优秀。但这样的高要求，可能就会让她陷于紧张状态，让她的生命状态得不到舒展。

2. 小红不允许自己失败。在她的认知里，她只能考好，不能考砸。她这样的不合理认知，让她陷于思维的僵局里，导致她一遇到有难度的试题，就被扰动，不在状态，注意力不集中没法专心答题，这样自然会影响考试成绩。

3. 青春期孩子不稳定的特质。小红个子高挑，到了青春期，开始发育，她容易产生自我怀疑。即使小红班主任和爸妈找她谈话，建议她放松，不要在意考试分数，可是，小红可能没办法立刻做到，她还是会怀疑自己的学习能力，觉得自己不行。这种自我否定的怀疑，导致她的焦虑情绪没法及时得到缓解。

4. 小红爸妈忙于自己的工作，对小红的关心和关注不够。当小红出现考试焦虑情绪的时候，爸妈没能及时发现并帮助小红应对焦虑情绪，没能进一步理解小红焦虑情绪背后的需求。小红也许渴求爸妈能对她有更多的关爱，期待爸妈能多和她进行交流，而不是简单的讲道理。

家教策略

作为父母，该如何应对孩子的考试焦虑呢？

1. 父母要及时厘清关乎“考试焦虑”的概念

(1) 关于“考试焦虑”的基本概念。考试焦虑是人由于面临考试而产生的一种特定的心理反应。它是在应试情境刺激下，受个人的认知、评价、个性、特点等影响而产生的，以对考试成败的担忧和情绪紧张为主要特征的心理反应状态。

(2) 关于“考试焦虑”的常见类型。学生考试焦虑的常见类型有两种：一种是预期性考试焦虑。例如，面临中考压力大的初三学生，对自己的中考考试成绩不自信，总觉得会考不好，考不上好学校，于是会非常担心即将进行的每一场考试，害怕出现最坏的结果，从而表现出很消极的情绪，以至于因此常常烦躁而难以自拔。另一种是临场性考试焦虑。学生一到考试就会紧张、焦虑、心慌、手心冒汗，答题的时候，眼睛看着试题，却因为紧张答不出来，从而导致成绩不理想。而且，越是重要的考试，焦虑程度越高。

2. 父母要正确辨识孩子的考试焦虑

父母要明白考试焦虑背后的原因是什么。导致孩子焦虑的原因其实很简单，就是孩子很在意每一次考试分数，期待自己的考试分数是理想的。心理学研究表明，焦虑的水平和个人表现成倒 U 型关系。适度的焦虑促使学生保持更好的学习状态，学生往往会“超常发挥”。所以，孩子有考试焦虑情绪不一定是坏事。但是，如果焦虑程度过高，出现了头疼、失眠等躯体化症状，就会影响学生的正常学习和生活。如果考试焦虑程度较轻，可以找心理老师进行辅导；如果较严重，则需要及时就医，甚至要药物干预治疗。

3. 父母要掌握常用的缓解孩子考试焦虑的方法

父母是孩子成长的重要陪伴者。当孩子出现考试焦虑情绪的时候，父母首先要稳定好自己的情绪，不要被孩子的情绪所影响，既不能简单安慰孩子，更不能盲目批评、指责孩子。父母可从以下几方面缓解孩子的情绪。

(1) 指导孩子写下关于考试焦虑的内容。父母可以给孩子准备一个专用本，让孩子在出现焦虑的时候，及时写下与焦虑有关的具体内容，将无形的焦虑进行文字的外化，让孩子能看到自己焦虑的究竟是什么，然后和孩子进行探讨。

(2) 指导孩子给自己设定一个焦虑时段。父母可以指导孩子将自己的焦虑放到一个固定的焦虑时段。在焦虑时段，孩子可以有焦虑反应，同时也允许孩子表达焦虑，其他时间孩子则专注学习与生活。

(3) 指导孩子将“焦虑”转变为“兴奋”。父母可以引导孩子用积极的情绪去代替消极的焦虑，孩子的焦虑就会减轻，出现适度的兴奋状态，这样将有利于考试的正向发挥。

(4) 引导孩子养成成长型思维，减少固定型思维的影响。如果孩子具有成长型思维，那么在面对焦虑的时候，就不会产生灾难化和糟糕化的想法，而是有更多对自己及未来各种可能性的期待。

孩子学习习惯不好，怎么办

情景故事

男孩小艾读初中一年级，学习成绩中等，其他方面都不错，就是学习习惯有点不好，写作业的时候，一边吃东西，一边写。有时，写作业的时候，也会戴着耳机听歌，这个习惯影响了他写作业的速度。一天晚饭后，妈妈提醒小艾抓紧时间写作业，写作业的时候不要吃东西也不要听歌，小艾点点头。晚上十点多，妈妈起来上厕所，看见小艾房间里的门开着，灯也亮着，就走进去看了看，发现小艾坐在桌前写作业，戴着耳机在听歌，嘴里还轻声哼唱着。妈妈见状很生气，走上前问他："和你说过了多少次，写作业要专心，不要三心二意，你怎么就是不改？"小艾见妈妈生气了，赶忙说道："我马上改。"说完，放下了耳机，开始专心写作业，半个小时后，完成了作业。可是，第二天，妈妈发现，小艾写作业的时候，又戴起了耳机听歌。第三天，第四天，乃至接下来的一个月中，小艾的学习习惯始终没有任何改变。妈妈担心小艾学习成绩会下滑，也担心他睡眠不足，影响身体。

故事分析

习惯是经过反复练习而形成的较为稳定的行为特征。好的学习习惯可以带来好的学习效果，而不好的学习习惯往往会带来不好的学习效果。案例中小艾边写作业边听歌，让妈妈很担心。那么怎么看小艾的这些行为呢？

1. 可能与小艾的时间管理意识不够有关。小艾对自己的时间管理意识不强,没能很好地规划自己的学习时间,一边听歌,一边写作业,有时还会吃东西,学习时间就会变得松散,作业耗时就会增多,甚至出现写作业到很晚的情况,有可能会影响睡眠。

2. 可能与小艾的学习专注力不够有关。小艾似乎在用听歌、听东西等方式来放松自己,好像在这样的状态下才能写作业,但是太过于放松,也会无法集中注意力写作业。

3. 可能与小艾的学习动力不足有关。在妈妈的督促下,小艾才能专注写作业,而且作业很快就能完成。小艾学习的动力可能没有那么强,影响其学习动力的因素可能有许多,这需要慢慢探索。但妈妈提出一些要求后,小艾似乎就能有更好的行动力。

家教策略

那么,父母怎样才能让孩子拥有良好的学习习惯呢?

1. 指导孩子合理安排学习任务和时间。父母可以指导孩子写每日学习清单,同时,在每一个清单任务旁边标注可能需要花费的时间,这样便于孩子对每日学习任务和所需时间做到心中有数。让孩子自行安排写作业的时间,先写作业,先运动,还是先吃饭?让孩子做选择、列表单,孩子慢慢地摸索,就能形成自己的经验,比如今天完成数学作业大概需要多少时间。这样,孩子对每天要做的事情也就有了概念,逐渐就形成了一个良好的习惯。

2. 帮助孩子提升专注力。一是给孩子营造学习的环境。在孩子学习的时候,不要给他吃东西。如果孩子饿了,可以先吃点东西再去学习。孩子在吃饭的时候,不要让他看电视或手机;孩子在玩的时候,让他尽情玩。特别是孩子在学习的时候,父母不要在旁干扰孩子,更不要对孩子说:“你快点写好去睡觉!”同时,父母如果陪孩子学习,尽量不在孩子面前打电话、刷视频等。二是可以让孩子对时间有一个具体的概念。可以用一些计时的小工具，比如沙漏、可视化计时器等，让孩子在轻松愉悦的过程中形成时间概念，然后对任务执行有概念，做的时候也能够保持专注。三是可以培养孩子专时专用的习惯，告诉孩子运动时间就好好运动，写作业时间就专心写作业，并将专时专用的习惯坚持下去。

3. 增强孩子的学习动力。一开始妈妈可以提醒孩子，在写作业时保持专注，并在孩子做到后肯定其行为，这样可以增强孩子的学习动力。另外，还可以在孩子学习的其他方面进行帮助，比如对薄弱学科的帮助，让孩子体验到学习和调整带来的正向感受，在整体上调动其学习积极性。

孩子写作业拖拖拉拉，怎么办

情景故事

小梅读小学四年级，性格温和，学习成绩一般，在校与同学相处和睦，在家也帮爸妈做力所能及的事情。但是，一到写作业，她就会拖拖拉拉。作业多的时候，她就更加拖拉。各科老师找她聊过多次，也教育她要按时完成作业，不要拖拉，但效果并不明显。一次，语文课上，老师布置了少量的字词抄写作业，要求当堂完成。下课后，其他同学都将认真写好的作业交给老师，出去玩了，可是小梅还坐在座位上写。语文老师见状，走到小梅面前，问她道："给老师看看你作业写多少了？"小梅翻开作业本，老师看到她才写了一半，接着问她道："下午放学前可以完成吗？"小梅看着老师，回答道："可以的。"下午放学前，小梅还是没完成作业，语文老师就联系了她的妈妈。妈妈对她的拖拉行为很头疼，也常常嘱咐她写作业不能拖拉，可是小梅的变化始终不大。

故事分析

小梅为什么会出现写作业拖拉的情况呢?

1. 有可能与孩子的协调性不好有关。孩子的身心发育没有大人那么成熟,所以他们的大脑和神经的协调性还不够好,导致孩子做事比较慢。

2. 有可能孩子是天生的慢性子。有些孩子天生就是慢性子,做事情比别人慢一些,天塌下来做事情也是不紧不慢的。如果是性格的原因,她的慢是天生的,但也可以慢慢调整。

3. 有可能与生活技能的欠缺有关。有些孩子做事比较慢是因为生活技能的欠缺。他们平时干活比较少,不知道从什么地方入手。生活技能的欠缺在学习上会有所体现。

4. 有可能孩子缺乏时间观念。孩子的时间观念比较差,导致了他们做事情比较慢,缺乏时间的紧迫性。

5. 有可能与休息不好有关。有时候,休息不好,睡眠不够,注意力下降,也有可能导致学习或写作业时出现拖拉现象。

家教策略

面对孩子写作业的拖拉行为,父母该怎么办呢?

1. 培养孩子的时间观念,做事要有计划性。孩子拖拉可能是因为不知道时间的价值,磨磨蹭蹭浪费时间也不觉得可惜。做起事来没有计划,想起什么做什么,也不规定何时完成。这时候,父母应该教孩子做事有计划,并且要尽量按计划执行,提高孩子的效率。同时,让孩子明白如果能尽快做好一件事,那么他就有更多自由支配的时间,进而懂得时间的可贵之处。

2. 让孩子自己做决定。父母不要代替孩子做决定,让孩子过多地依赖父母。若是想让孩子飞翔,必然要给他自由的翅膀。孩子自己的事根据其年龄,适当让他自己拿主意,自己决定自己该做什么,因为自己拖延造成的后果也让孩子自行承担。长此以往，孩子自然会知道其中的坏处，也就不敢再拖延了。

3. 优化沟通方式。语言的力量是巨大的，不要总说孩子“慢吞吞”“拖拉”，要对孩子说“比比我们谁快”“今天要比昨天快”，给孩子积极的暗示。用适当鼓励的话语去激励孩子，孩子才能养成不拖拉的好习惯。

4. 不要给孩子太大压力。有的父母对孩子的期待太高，给孩子报各种兴趣班，让孩子学这学那，同时在学习上也对孩子严格要求。孩子压力大，感到痛苦，就会想逃避这一切，无意中用拖拉的方式来回避，渐渐也就养成了拖延的毛病。

5. 注意孩子的饮食和睡眠时间。孩子获得充足营养，自然身体好；每天早睡早起，自然精神十足。在这样的精神状态下，孩子对于能胜任的学习任务才能积极面对并及时行动。

6. 锻炼孩子抗挫能力。拖延本质上是一种逃避行为，孩子逃避的原因是因为心里害怕失败。父母能接受孩子的失败，孩子就不会担心和害怕失败，在面对事情时就能专注于过程，并思考如何去进步。

7. 父母要以身作则。想要孩子做事情没有拖拉的习惯，首先父母要说到做到，这样孩子就能向父母学习，努力做到不拖拉。自己做事情不拖拉，给孩子一个很好的榜样。

孩子总是粗心，怎么办

情景故事

男孩小新读小学二年级，性格活泼，学习成绩中等，比较自觉，但在同学和老师心中，他是一个粗心的孩子。例如，明明很简单的数学习题，小新在写的时候经常写错，不是加少了数字，就是加多了数字，也常常会看错题目要求。一次期中考试，小新数学考了80分，老师喊他到办公室，和他一起订正错题。一道数学题“5 + 3 = ____”，试卷上小新写的是“9”。老师很好奇，问道：“你不会做这题吗？告诉我答案是多少？”小新不假思索地答出了“8”。老师说：“下次答题细心点，不要这么粗心。”小新表示一定不再粗心了。可是，没过两天，小新又犯了粗心的毛病，将“8 + 9”写成了“18”。老师特别生气，将这一情况告诉了他的爸爸。爸爸回家狠狠地教育了他，并坐在他身旁，看着他写作业。他一开始写得很认真没什么错误，可写着写着还是会粗心，数学还是会写错数字，语文还是会抄漏词语。爸爸对此很着急，不知怎样才能帮他改掉粗心的毛病。

故事分析

怎样看待小新的粗心问题呢？

1. 粗心可能与视知觉能力发展欠佳有关。粗心很大程度上和孩子的视知觉能力有关，包括眼睛能否做定点、动点的跟踪，能否清楚地辨认出两个相似的字，能否迅速记住刚刚所看到的数字，在下笔时手眼是否协调，等等。有的孩子把69写成96，有的孩子答案计算正确了，抄写时却抄错了。这些情况的出现可能是孩子的视觉能力发展欠佳导致的。

2. 粗心可能与分心有关。教育心理学研究认为，学生的具体学习过程是依靠短时记忆来进行的。短时记忆又称工作记忆，其容量小，保持的时间短。一般来讲，短时记忆的内容若得不到及时强化，就只能在大脑中保持30秒左右的时间。当有新的内容进入大脑皮层时，原先的记忆内容便被清除。如果学生在学习过程中，注意力不完全集中在所思考的题目上，而是想着另外一道题或其他的事情，那么另外考虑的内容就进入了短时记忆，并将原有的记忆内容冲掉。这样便产生了读错词、写错字、算错题等粗心现象。

3. 粗心可能与动机强度和情绪有关。心理学研究表明，中等强度的动机为认知活动提供最佳心理背景，动机强度过高或过低都会对认知活动造成不良影响。缺乏动机，情绪低落，往往造成注意力不集中，神思恍惚。动机过于强烈，情绪过于兴奋，则会导致意识狭窄，思维混乱，甚至头脑一片空白。有些孩子平时用功、谨慎，是父母和老师眼中的好学生，可一到重大考试就发挥不好，平时会做的简单题目也会出错，甚至漏答整张试卷。原因可能就是他动机过于强烈，太在乎考试，太想考好了。

4. 粗心可能与思维定势干扰有关。思维定势，又称定势，是指由先前心理活动所形成的心理准备状态，决定着同类后继心理活动的趋势。定势实质上是以强化的思维类推到其他，表现为以固定的方式、方法去认识或作用于对象，“想当然”的粗心是思维定势的表现。

5. 粗心可能与不良性格特质有关。性格是一个人对现实的稳定的态度和习惯化了的行为方式的总和。粗心是一种不良的行为习惯，是性格结构中态度特征的直接表现。小学阶段是性格形成的关键时期，在此期间若形成了做事匆忙、不认真、缺乏责任感的态度，其行为方式必然表现为粗心大意、不够细致等。

家教策略

父母应如何引导孩子克服粗心的毛病，养成仔细、认真的学习习惯呢？

1. 不可对孩子的作业大包大揽。小学老师留的作业都需要父母签字确认，但有的父母怕孩子做错会让自己难堪，或担心老师对孩子有负面看法，所以就对孩子的家庭作业大包大揽。孩子做一题，父母就跟进一题，导致孩子无法独立思考。渐渐地，孩子就会认为：“做错了没关系，反正父母会告诉我，帮我改正。”久而久之，孩子就产生了依赖心理。试着让孩子承担自己粗心导致的结果，不要怕被老师批评，可以适当地让孩子犯一些错，让老师指出来，引导孩子自己去思考并改正。相信经过这样的学习，孩子会越来越细心。

2. 不要对孩子大声呵斥。父母应该有这样的经验:孩子马虎做错,越是对他大吼大叫,他之后犯错的频率不会减少反而会越来越多。有的孩子做错后能意识到错误,但父母一呵斥,孩子可能就会感受到压力,对于自己意识到的错误不敢去改正,怕做错了;有的孩子没有意识到错在哪里,父母一呵斥,孩子因为父母的反应就会下意识认错、讨好父母,但问题并没有解决,对于孩子认识错误、进行反思及改变没有任何帮助。父母对孩子的粗心不要反应过度,而是要认真观察孩子及其作业,看看孩子在什么情况下容易粗心。

3. 给孩子一个安静的学习环境。如果孩子本身就容易被外界干扰,就不要让孩子处在有各种干扰源的环境中。当孩子学习或做作业时,尽量给他一个安静的不受打扰的环境。同时,做父母的尽量不要在这个时候玩电脑或手机。这样孩子的内心就不会失衡,也更容易把心思放到学习或作业上。

4. 不要一直强调孩子粗心。虽然每个人都不是完美的,但是不要给孩子贴标签。标签贴久了,孩子真的就如标签上说的一样了,到时再想纠正就来不及了。父母应以自己的态度和言行向孩子传递:他可以不完美,但父母依然爱他,并愿意与他一起面对粗心。孩子粗心的毛病不是一天养成的。如果孩子从小就生活在一个无序的家庭中,没有一定的作息时间,没有好的生活习惯,那么孩子做事丢三落四、马马虎虎就会成为"家常便饭"。所以父母要协助孩子养成有序的生活习惯。生活上,既要有规律的生活作息,也让孩子养成保管自己物品的好习惯,不仅仅是学习用品,衣服、鞋子等也要放到自己的柜子里,自己保管;学习上,要培养孩子养成当天的作业当天完成、做完作业要检查、课前要预习、课后要复习等好习惯。这样,既可以与孩子站在一条线上,也可以从日常的生活、学习中培养孩子的秩序感,进而让孩子内在变得稳定而有序。

孩子注意力总是不集中，怎么办

情景故事

小忠读小学三年级，敦实可爱，学习成绩一般，较为贪玩。自小学一年级以来，爸妈对他的学习寄予厚望，可是他注意力常常不集中。在学校，课堂上的前十分钟还可以安静地听课，十分钟后他就会走神，有时玩手中的笔，有时东张西望，有时也会盯着一个方向发呆。几乎每一节课，他都要因注意力不集中而被老师点名批评。在家里，一到写作业的时候，他坐在桌前，大约要过十几分钟才能进入状态。在爸妈的催促下，好不容易开始专心写了，没几分钟又走神，一会儿要上厕所，一会儿要喝水，一会儿要玩玩具，一会儿又要吃点零食。每天，不多的作业他都要花大量时间完成。如果作业多，他就会写到很晚。为此，爸妈很着急也很生气，多次对小忠加以教育。妈妈甚至还坐到了他身旁，不停催促他："快写，快点写！"可是，效果不大，小忠还是没办法专注写作业。为此，爸妈很头疼，担心他学习会跟不上。

故事分析

关于小忠的故事，可能有很多父母都有过类似经历，或者有父母正在经历类似的事情。在父母看来，孩子集中注意力学习，是天经地义的，是应该和必须要做到的。可事实上，集中注意力学习，是一件很单调枯燥的事情，需要付出很多的努力才能做到。例如，要求成年人去学习新领域的知识，成年人也会注意力分散，也会在学习的时候吃东西或者刷手机，更何况是年龄小的孩子。

那么，影响小忠集中注意力学习的因素有哪些呢？

1. 可能与脑发育状态有关。从脑科学的角度来看，集中注意力需要大脑神经的两个功能密切配合:一个是兴奋,另一个是抑制。兴奋的功能发展得较早,从婴儿阶段就开始了,所以我们会看到一个刺激很容易引起孩子的兴奋。抑制功能的发展就比较慢,要到成年以后才能发展好,所以当一个外界刺激让年龄较小的孩子兴奋起来的时候,要用抑制功能把这个兴奋压制下去很难。所以小忠长时间坐在那专心学习很困难,但被别的事吸引注意力却很容易。

2. 可能与习惯养成不足有关。父母可以在学龄前培养孩子做事专注的能力,做到不打扰、不干扰,让孩子在做事时可以投入其中,养成孩子对"学习"这件事的喜爱。

3. 可能与主动注意能力不强有关。注意分为被动注意和主动注意。被动注意是被外界吸引,对感兴趣的事物投入关注;主动注意,则是主动投入精力,有意识地保持专注。小忠听课的时候走神、写作业的时候分心,说明他主动注意的能力发展不足,需要增强他的主动注意。

4. 可能与学习兴趣不浓有关。孩子的学习专注力需要兴趣作为支撑。小忠学习成绩中等,在学习中的成就感、能力感获得可能不够,他对学习的兴趣就会受影响。

家教策略

孩子的专注力对学习非常重要,专注力的提升是可以训练的。那么,作为父母,该如何帮助孩子提高学习注意力(专注力)呢?

1. 读懂孩子注意力不集中背后的需求。当孩子做事磨蹭、注意力不集中的时候,爸爸妈妈要耐心地和孩子沟通,弄清楚孩子的真正需求。他们为什么总是磨磨蹭蹭,是不想做,还是不会做,或者是有其他原因。根据孩子的具体情况,提供具体有效的支持。

2. 给孩子营造安静的学习氛围。低年级学生注意力稳定性差,容易因新异刺激而转移。因此,父母应根据这一特点,排除各种可能分散孩子注意力的因素，为孩子创造安静、简朴的物质环境，比如有一张专门写作业的桌子。在家里要有一个固定的学习地点，不要边玩边学，更不要边吃边学。在书桌上不放与学习无关的东西。字典、参考书、文具等井然有序地放在书桌固定的地方，触手可及，既避免浪费时间，又保证心情不被干扰。

3. 让孩子远离网络、电视和电子游戏，别让它们分散孩子的注意力。有研究显示，长时间看电子产品，最直接的影响就是注意力会受损。如果孩子注意力不能集中，就很难专心学习，还会影响其独立思考的能力。

4. 保证睡眠、合理饮食、适当运动。建立有规律的生活，保证充足的睡眠时间。孩子每天的生活节奏以及各种活动的时间长短都会影响他们的注意力。因此，父母应当注意安排好孩子的生活作息，让孩子的生活有张有弛、动静交替。合理饮食，多吃水果和蔬菜，不要摄入太多脂肪和糖，特别是在学习之前；多一些身体活动，身体状况良好，大脑效率更高，即使不擅长体育，也可以每天抽一点时间活动一下身体；合理地安排每天的生活和学习，这样可以让孩子觉得学习和生活都轻松自如。

5. 如果父母和孩子做了许多努力，注意力不集中问题仍没有改善，甚至影响了孩子的情绪状态、人际交往等，应考虑就医，检查注意力方面是否存在问题。如有问题，可遵医嘱进行治疗。

孩子不爱看书，怎么办

情景故事

小舒是四年级的男生，活泼可爱。他从小喜欢玩玩具和做手工，各方面表现不错，与同学相处友爱，作业书写工整，上课听讲认真，但就是不爱读书。在家里，只要爸妈一喊他看书，他就找各种借口，一会儿说作业没写完，一会儿说买的书他不感兴趣。在学校，老师布置的课外阅读作业，他常常只是粗略翻几页，没法好好完成。一天周五，放学前，语文老师布置周末阅读任务，要求全班阅读课外书《小王子》，并在下周一的语文课上进行阅读分享。周一的语文课上，同学们都结合阅读的内容认真地分享。轮到小舒发言的时候，他站了起来，看了看老师，说道："老师，我读过了，不知道要分享什么。"老师当场没有批评他，先让他坐下来，继续听其他同学分享。下课后，语文老师把这一情况反馈给了他妈妈。放学回家后，妈妈问小舒："《小王子》这本书很不错，你读了后就没什么想法吗？"小舒听了，回答道："我就是不喜欢读书。"说完，便去了自己房间。妈妈看着他的背影，摇了摇头，深深叹了一口气。

故事分析

小舒为什么不爱看书呢？

1. 缺少阅读的兴趣。可能是孩子对阅读本身感到困难，可能是孩子对指定的书目不感兴趣，可能是孩子太累了需要休息，可能是父母不停唠叨看书的重要性让孩子失去了自主阅读的兴趣……这需要父母注意甄别，根据孩子的具体情况去引导或处理。阅读的兴趣来源于孩子的生活经验。先让孩子有好的阅读体验，孩子才能有更多的阅读行为出现。

2. 可能与缺少阅读的家庭氛围有关。家庭中，如果父母只是对孩子提出阅读的要求，而没有对孩子的阅读给予支持，阅读就会变成家庭中的一件压力事件，孩子就会对阅读比较排斥。

3. 新媒体时代对孩子阅读的冲击力大。新媒体时代，获取信息的方式很多，有的父母喜欢依赖电子媒介，用电子设备来代替自己给孩子读书，认为音频里主播字正腔圆，自己也省事。如果只给孩子播放有声读物，而没有亲子之间阅读讨论，那么有声读物就只是给了孩子一些信息，人与人之间的沟通所传递的感情与温度就没有了，也无法给孩子带来视觉上的刺激。

家教策略

1. 培养孩子的阅读兴趣。兴趣是最好的老师，任何一个兴趣都是可以培养的。阅读兴趣也可以培养。父母要培养孩子的阅读兴趣，可以让孩子先读他感兴趣的书，例如漫画书、绘本书等。慢慢地，等孩子对阅读有点兴趣了，父母再指定孩子读一些别的书。如果孩子读书速度比同龄人慢，父母也不需要太担心，要相信每个孩子会按照自己的步伐和时间表发展对阅读的兴趣。同时，父母也要带头读书，和孩子一起读书，给孩子树立一个好榜样，给予他鼓励，为孩子提供各种阅读书籍。但需要注意的是，父母不要给孩子过大的阅读压力。

2. 给孩子营造良好的阅读环境和氛围。家是培养孩子阅读习惯最重要的地方。父母可以和孩子一起买一个他喜欢的书柜，让孩子选择他喜欢和需要阅读的书籍。父母也可以适当给孩子推荐一些书籍，让孩子自由选择并进行阅读。周末时，父母可以多带孩子去图书馆看书或参加阅读活动，让孩子多多浸润在好的环境中。带孩子去图书馆或逛书店，可以成为一个固定的家庭活动，孩子也会养成同样的习惯。当看到父母因为找到自己想要的书而兴奋时，孩子也会被感染，培养出对书的热爱。

3. 培养孩子正确的阅读观。父母引导孩子阅读时不要急功近利。阅读是一辈子的修行。可能在短期内看不到明显或直接的效果，很多时候它都是一项隐性技能。父母要摒弃通过短时间阅读迅速达到某种效果的想法，千万不要觉得孩子近期多读几本书就能马上写好作文了。孩子小时候大量阅读的效果可能会在初、高中才能明显体现出来。日积月累的阅读培养了孩子清晰的逻辑思维能力，这项基本能力的提高将大大改善孩子的学习和写作能力。

4. 减少孩子的屏幕使用时间。新媒体时代，不可能让孩子完全不看屏幕，许多学校也会借助电脑进行辅助教学。因而父母需要和孩子商量，减少电视、电脑游戏和其他娱乐性的屏幕使用时间，这样可以增加孩子读书的时间，增加亲子阅读及讨论的时间。

孩子成绩下降了，怎么办

情景故事

女孩小桦上进心强，学习自觉性高，因为中考成绩优秀，考入了一所重点高中的重点班。爸妈对她期望很高，希望她能考上一所重点大学。高一上学期的期中考试，她的成绩名列班级前五。可是，到了期末考试，语文和数学有点难，没能考出她满意的分数，也影响了总分排名，落到了班级第十名。回家后，爸爸没有了解情况，直接批评了她，认为她没有认真学习，要求她从自身多找原因，争取下次考试考入前五名。她听后，闷闷不乐地回到自己房间。到了高一下学期，她成绩不但没进步，还退步了，一次考得比一次差，甚至退到了班级中等。班主任觉得小桦的学习能力不错，不应该考成这样，就找她谈话，鼓励她不要沮丧。妈妈很着急，多次帮她分析错题，也不断鼓励她不要灰心，她的学习成绩下降得不那么厉害了。可是妈妈却还担心如果一直下降，以后怎么办。

故事分析

案例中的小桦在初中时期学习优秀，可到了高中，尤其是到了重点高中的重点班，成绩就相对下降。对于上进心强的小桦而言，本身学习压力就很大，一次考试有学科没考好，又遭到了爸爸的批评，这让她压力更大了。在接下来的学习中，小桦成绩一直在下降，是什么原因呢？

1. 学习难度提升。高一各科学习内容不断加深，孩子在适应高中学习的过程中既有学习压力，也会对学习产生不确定的感觉，这样的感觉在考试的时候可能会影响孩子的发挥。高中孩子的父母，在学习上能帮助孩子的非常有限，更会担心孩子这一阶段成绩下降，后面很难提高，进而非常焦虑。

2. 失败的关键事件会让小桦产生了自我否定情绪。一次期末考试因为语文和数学有点难，导致她没考好。面对这次考试，她一定努力复习过，也期望自己考出高分。当期待落空时，她内心充满了沮丧，也充满了挫败感。对于什么原因导致语文和数学没考好，她可能也在茫然中。当爸爸认为她没有认真复习时，她有可能会因此而否定自我，认为自己不够好，不够努力。

3. 可能与孩子智力结构的差异性有关。多元智能理论认为，智力是多元的，一个人身上存在多种智能，包括语言智能、音乐智能、逻辑数理智能、视觉空间智能、自我认识智能等。智力结构的差异性，会导致相同智力水平的孩子擅长学习的科目不尽相同。语言智能水平高的孩子擅长英语、语文等，逻辑数理智能水平高的孩子擅长数学、物理等。

家教策略

孩子的成绩有波动是正常的，特别是在新学期开始之际或孩子升学、转学之时。这时，如果孩子的学习成绩有些波动，父母切莫惊慌。因为，当孩子的学习成绩下降时，孩子本来就已经很焦虑了，这时，如果父母惊慌，不仅会让自己不能沉稳地帮助孩子，还会给孩子带来更多的焦虑和不安。

1. 勿指责。当孩子的成绩下降时，孩子自身已经非常自责和不安了。如果这时父母再指责孩子，就会加重孩子的心理负担。其实，考试失利，孩子才是最痛苦的那个人。这个时候，父母要尽量调整好自己的情绪，去安慰孩子，而不是一味地指责。很多父母在被老师“教育”之后，会把情绪转移给孩子。这时父母做的不是给孩子“一根绳子”，把孩子“拉上来”，而是在对孩子“落井下石”。

2. 勿施压。很多父母在孩子考试失利时，往往会想要安慰孩子，但是说出来的话却是让孩子感受到了压力。尤其是有些父母会说“如果考不好，将来就会考不上好的学校，没有好的未来”之类的话，这会让孩子感到压力，对未来充满担忧，不利于孩子面对考试失利，思考考试失利的原因。

3. 勿比较。许多父母会拿自己的孩子与别的孩子比较，当然是与他们认为优秀的孩子比。殊不知，这种比较不仅不会提升孩子的学习成绩，还会给孩子造成很大的心理压力，更会影响孩子的自信心。同时，也会引起孩子与那些所谓优秀的孩子之间的隔阂，使他们无法自然相处，更无法去欣赏和接纳比自己优秀的人。

4. 勿急补。当孩子的学习出现问题时，许多父母首先做的就是给孩子找家教，给孩子补课。其实，这并不是首选的方法，在没有弄清孩子的问题之前，最好不要急着给孩子补课。首先，孩子考试失利一两次，可能只是正常的波动。如果父母急着给孩子补课，就意味着父母不相信孩子的能力，对孩子反而不是一种正向的帮助。其次，孩子的成绩下降可能并不是学习方法不对，也许还有其他问题，比如孩子因为情绪问题影响了学习。补课不仅不能帮到孩子，反而可能越补越麻烦，让孩子的情绪变得更糟糕。父母要先稳住自己，注意观察和留意导致孩子学习问题的可能原因，有针对性地解决。

5. 多交流。这对于许多父母来说，是一件很棘手的事。因为在许多家庭里，成员之间很少交流，甚至有的交流方式就是吵架。所以，为了减少痛苦，家庭成员之间就关闭了交流渠道。而孩子出现问题很大程度上与这方面有关。所以，如果孩子的学习出现问题了，父母就要反思，家庭成员在交流方面是否出现问题，影响了孩子的学习。当然，有的父母可能会说："我们家一直是这个样子的呀！怎么他以前学习就很好，现在就出现问题了呢?"那是因为孩子的问题往往是许多问题的积压，压到现在终于压不住了，只能以各种形式暴露出来。学习成绩下降只不过是其中的一种情况罢了。如果这个时候父母能够冷静下来，好好跟孩子谈谈心，也许会有意想不到的效果。需要注意的是，谈心时，父母应真心实意地和孩子沟通，表达自己对孩子的关心，可以聊聊天，陪她聊生活、聊学校、聊同学等。在孩子没有准备好聊学习的时候，先不谈学习。在聊的过程中，发现一些端倪，从而为后面解决问题打下基础。

孩子学习偏科，怎么办

情景故事

小寒是一个读初三的女孩，性格安静，各方面表现不错，但各科学习发展不平衡。初一以来，语文、英语的成绩一直在班级名列前茅，但数学、物理成绩就比较弱。为了学好数学和物理这两门学科，小寒倾注了大量时间和精力，听课特别认真，笔记做了不少，作业也认真完成，数学、物理两位老师也常常帮助她，针对她没掌握的知识点给予辅导，但她的成绩始终进步不大。慢慢地，小寒对这两门学科失去了兴趣，不愿意多花时间在这两门学科上了，成绩越来越不理想。在一次期末考试中，她的数学和物理成绩非常不理想，是她从未有过的低分。她回家后，饭也没吃，直接进房间将自己关在里面。见此，妈妈很着急，不知道怎样才能帮到她。

故事分析

孩子在学习上出现偏科是一种常见现象。作为父母，我们首先需要做的是了解哪些因素导致了孩子的偏科，然后与孩子一起探讨存在偏科问题的原因。那么，导致小寒出现偏科的原因有哪些呢？

1. 可能与孩子个体的智力潜能不平衡有关。有些孩子的语言智能、形象思维较弱，语文、英语等学科就可能是薄弱学科；有些孩子的逻辑智能、数学智能、抽象思维较弱，数学、科学等学科就可能是薄弱学科。小寒可能抽象思维等方面缺乏，导致数学、物理成了薄弱学科。

2. 可能与学习习惯和方法不当有关。每个学科要求的学习习惯和方法不一样，每个孩子学习该学科的方法也有可能不一样。数学和物理成了小寒的薄弱学科，有可能是她在这两门学科上的学习方法不对，对这两门学科的难点和重点掌握得不太好，从而直接影响了学习效果。

3. 可能与学科兴趣缺失有关。尽管数学和物理两门学科老师都会帮助小寒，爸妈也不会责怪小寒学得不好，但总是考不好导致了小寒对两门学科的兴趣缺失。

家教策略

孩子出现薄弱学科很正常，那么父母可以用什么方法来激发孩子对薄弱学科的兴趣呢？

1. 调整心态，树立信心。如果孩子出现了偏科，父母不要太着急。父母首先要把自己的心态调整好，在对待孩子时，不要因为某门学科考不好而对孩子有情绪，以身示范如何积极应对困难，给孩子积极的心理暗示。同时，面对孩子偏科问题，父母要给予孩子更多的学习关注，从一点一滴做起，不要贪多，积极帮助孩子纠正偏科现象。如果孩子这门学科已经很差了，就不要和其他的同学比，而是教育孩子把自己当成下次超越的对象就可以了。哪怕是从 60 分考到 65 分，父母都应该给予肯定。让孩子知道，虽然他的成绩还是没有达到理想分数，但只要有进步，就值得鼓励，父母也会陪伴他面对困难。

2. 陪伴孩子在薄弱学科上花有效的时间。在不擅长的学科上花有效的时间，也要讲究一定的方法。最理想的办法是“循序渐进，逐日增加时间”，即可以把不擅长学科的学习穿插在其他学科之间进行，做短时间内的多次重复，看看对孩子的学习效果的影响，并适当调整时间长短和穿插频率。父母可以趁着节假日和寒暑假，将孩子的学习时间倾斜一下，给不擅长的学科分配更多的学习时间，对薄弱环节投入更多精力，先吃透基础知识再钻研较难的题目。

3. 激发孩子的学习兴趣。这一点是针对对某些学科不感兴趣的学生的。有些孩子偏科往往是因为对该学科不感兴趣，因此，父母可以和老师配合，从各个方面培养孩子的学习兴趣，如目标激发兴趣、成功激发兴趣等，让孩子把被动消极的“要我学”变成热情、主动的“我要学”。只有这样，孩子的学习积极性才会提高，并把学习兴趣付诸实践，取得较好的学习效果。

4. 迁移孩子学习的成功经验。孩子在某些学科上不擅长，但同时也有自己擅长的学科。在擅长的学科上，孩子的成功经验有哪些，是否可以迁移到薄弱学科上，是父母可以引导孩子去思考和实践的。

孩子痴迷小说，怎么办

情景故事

男生小安现在读高一，自新学期开始后，他的成绩就直线下降。父母观察了好多天才发现他竟然迷上了看小说，还经常废寝忘食地看到半夜。老师向父母反应，说小安白天上课没有精神、老打瞌睡。一开始父母以为是高一学习太累，现在想来就是因为看小说没睡觉，上课没好好听，学习成绩直线下滑。小安的父母很注重孩子的教育，经常看一些家庭教育方面的书和文章。他们知道教育孩子不能靠蛮力，要跟孩子讲道理。所以当父母发现他痴迷小说后，没有强制性地把他的小说收走，而是加强了教育，可是效果并不好。小安没有听进父母的教育，往往是父母说父母的，他做他的。父母即使很有耐心，但说了好像没说一样。小安还告诉别人，自己现在很反感和父母交流，说父母每次一开口就要他好好学习，把成绩搞上去，父母每天看他看得很紧，让他觉得很烦。有一次父母偷偷看他的日记，日记里写着：“自从上了高中，周围的人都在拼命地看书、做习题，感觉竞争的压力真的很大！

没有朋友，没有玩伴，只有这些小说能带来些许快乐了。小说情节的起伏，人物敢爱敢恨的性格让我觉得很过瘾。看小说也可以暂时忘掉烦恼。现在，一不开心的时候就忍不住要看小说，看了一点就想继续看下去，做作业时也会想着小说中的情节，忍不住了，就会拿出来看几眼……为了看小说，我的成绩下降了。我很着急，也很担心。但是一旦我觉得压力大，我就会想要看小说，我也不知道怎么办？……”父母从日记中可以看到小安不是不要好，只是压力大了就会忍不住看小说。他们觉得以前误会了小安，心里有些内疚，但又觉得小安意志力不行。他们想要帮助孩子，却不知道从何处着手。

故事分析

小安在进入高中后，明显地感受到了学业压力和同伴竞争，他用读小说的方式来缓解焦虑，但是却渐渐地沉迷其中。到底是什么原因让他无法摆脱小说呢？

1. 处理压力的方式不恰当。当小安在刚进入高中的时候，明显感受到了压力，而他处理压力的方式就是选择用小说来逃避现实中的问题。小说中情节起伏，人物潇洒自在，和他的现实处境正好相反。这让他更加沉浸于小说中，进而忘记时间，导致睡眠缺乏，影响他第二天的学习，从而学习不顺，压力又增大，他就再次选择读小说，形成恶性循环。

2. 错误的归因方式。孩子表现出来的问题未必都是父母的错，但是父母在帮助孩子纠正问题的时候如果找错了原因，那么不管用什么样的处理方法，都不能从根本上解决问题。故事中的父母觉得孩子是因为看小说而导致成绩下降，其实根本原因是孩子遇到了比较大的学习压力和学习上的困难。如果父母没有看孩子的日记，就不会知道孩子的压力和困难，只会简单地认为孩子放弃小说，成绩就能上升了。这样的错误归因会造成孩子更大的学习压力，并不利于根本问题的解决。

3. 父母只会提要求,看不到孩子的真正需要。在日常生活中,父母在意孩子的学习成绩,会对孩子提出学习要求。当孩子成绩下降时,父母依旧是提要求,告诉孩子要认真、要努力。这并不能解决孩子痴迷小说的问题,只会让孩子觉得不被理解,无法面对问题,更不要提解决问题了。

家教策略

1. 理解孩子。父母应理解孩子在新进入高一后的压力,以适合孩子的言语或行动来表达对孩子的理解,帮助孩子舒缓或释放压力。孩子因为得到了理解,就会变得更有力量,能够更客观地分析和面对困难,而不需要再用看小说的方式来逃避现实的压力。

2. 相信孩子。父母要相信每个孩子都有希望变好的自我期待。当孩子在追求更好自我的路途中遇到困难时,父母要陪伴他一起度过,并在言行中传递出对孩子的信任,让孩子对自己更有信心,勇敢地面对困难。

3. 支持孩子。看上去小说成了孩子的精神寄托,但实际上孩子是需要精神方面的支持。如果父母只是简单粗暴地拿走了小说,看上去是帮孩子,但实际上是拿走了孩子的两个精神寄托,一个是小说,还有一个就是父母的支持。这里的支持不是说支持孩子看小说,而是父母在孩子遇到压力和困难时,能够站在孩子的身边,支撑孩子站起来,让孩子可以坚强地面对现实中的困境。另外,父母也可以协助孩子寻找一些恰当的方式处理焦虑等情绪。

4. 帮助孩子。在理解、相信、支持孩子的同时,父母还需要和孩子一起分析目前的学业压力和困难到底有哪些。其中,哪些是孩子可以去面对和解决的,哪些是需要父母、老师或他人帮助的,还有哪些解决起来比较困难,可以等以后再解决的。根据分析采取相应的行动,尝试解决问题。

孩子不想上学，怎么办

情景故事

男生小南读高中一年级，住校生，从小学习成绩优秀，上了高中也依旧名列前茅。现在他已经一个星期没有去上学了。爸爸妈妈用了各种各样的方式想要让他去上学，甚至威逼利诱，都不管用，小南就是不肯去学校。在小南看来，上学就是为爸妈上的，不是为自己上的。这一个星期在家，爸妈经常半夜起来看他在干什么，发现小南玩手机就把手机给没收了，还说肯定是为了玩手机才不去上学的。小南很生气。以前自己玩手机，爸妈从来不说，现在不去上学了，玩手机好像就变得不能接受了。小南还觉得爸妈很不尊重自己，侵犯了自己的隐私，即使他们是监护人，也没有资格这么做。其实小南没有告诉爸妈，他在学校住宿的时候很难受。在学校的时候都在学习，他有一种被学习包围而失去了自我的感觉，每天似乎都有人在后面推着他往前走。他感到好累好累，内心特别想要自由。每次回家他就觉得很自由、很舒服，但是每次回校的时候就会特别痛苦。一想到又要去那个囚笼般的学校，小南就觉得浑身无力，整个身体似乎被什么东西给捆绑住了一样。每次周末回家要返校的那一天，小南总是在家磨磨叽叽不肯走，爸爸妈妈不理解，就会催小南赶紧走，不然上晚自习要迟到了。爸妈这么说，小南就更不想回去了。就在上周日，爸妈看到小南在家磨叽，就忍不住说了小南："不想上学就不要去了，在这儿磨磨蹭蹭的！"小南听了就真的不去学校了，目前在家已经一个星期了。今天又是周日，是返校的日子，爸妈很希望小南能回学校上课。但是怎么做他才愿意上学呢？

故事分析

小南不愿上学的原因有哪些呢?

1. 生活无法像以前一样有声有色。紧张的学习氛围经常让孩子觉得没有了自由的空间,没有了创造生活的欲望,孩子的思维变得迟钝,思维方式也比较单一,感觉很压抑,很容易走向极端。然而一旦回到家,孩子就会产生皮球式的反弹,被压抑的能量有多高,反弹就会有多厉害,在家里的孩子多处在无限放松的状态中。

2. 孩子不被理解。父母看到孩子不肯上学,自然就会联想到孩子在学校的情况,变得焦虑,然后在孩子的耳边唠叨起来,和孩子之间的矛盾便由此产生。孩子会觉得父母太关注自己的学习成绩,根本不理解自己的心情和想法,从而不信任父母,也不会跟父母说自己的感受、需要等。父母可能无法发现孩子的困难,更无法及时给予孩子相应的帮助。

3. 把问题归咎于玩手机。孩子在家,父母似乎和他谈论的都是回到学校,孩子不上学,似乎就丧失了玩手机的资格。孩子看到父母如此,不仅觉得自己不被尊重,还会因为父母不去了解自己无法上学的真正原因,直接归咎为是玩手机而感到委屈,甚至愤怒,不利于解决根本问题。

家教策略

1. 父母要理解孩子。父母应试着理解孩子在家的行为,允许孩子适当地释放内心的情绪,给孩子一定的自主空间。对待孩子的极端情绪,父母也要适当地包容,避免因为自己的焦虑而对孩子进行催促或惩罚。

2. 父母要主动靠近孩子。父母应主动向孩子询问是否遇到了困难,观察孩子每次回校时是否都磨磨蹭蹭,了解孩子对于回校是否有担心。即使孩子不说,父母也要时不时地了解孩子在校的情况。

3. 建立信任的亲子关系。首先,父母要尊重孩子,即使看到孩子半夜玩手机,也不能直接没收,避免破坏亲子之间的信任关系。其次,父母要换位思考，多了解情况。学习成绩一直很好的孩子突然不上学，不会仅仅是为了玩手机，可能还有其他原因。父母可以试着告诉孩子，相信他不会无缘无故地不去学校。如果孩子想要说一说，父母就可以和孩子具体聊聊，但一定要记住在交流的过程中不要主观、不要发火。

4. 从看似限制的学校环境中找到一定的自由。高中的学习时长比较长，学业压力也比较大，但并不意味着孩子就要以丧失自我为代价。在这样紧张和繁忙的学业中，孩子也可以去寻找属于自己的自由。比如，在校服里面选择想要穿的衣服，在食堂挑选想要吃的食物，课间给自己五分钟的自由时间，想象、休息或发呆……父母可以建议孩子从小事开始，让自己有自由的感觉。

人际篇

人际交往也叫人际沟通，是指个体通过不同的表达手段，比如语言、文字、动作、表情等，将某些信息传递给其他个体的过程。人是社会性动物，每个个体均有其独特的思想、个性、行为模式及价值观，人际关系对每个人的生活、工作都有很大的影响。对于儿童和青少年来说，家庭、学校和社会，是他们所处的主要环境，他们在其中，与他人进行互动，学习人际交往。无论是什么人，都希望别人与他沟通的时候，能够表现出尊重、真诚、宽容、理解等。父母应该让孩子认识到这一点，培养孩子礼貌、友好的交往品质和乐于交往的意识。与此同时，让孩子自身形成开朗、合群、自立等心理品质，初步认识到什么是亲情和友情，初步学会与异性交往，形成多元的人际交往模式。

在人际交往中，我们需要关注几大主题，如亲子交往、同伴交往、师生交往等。

在亲子交往中，孩子可能会面对和父母的沟通问题，如抗拒、排斥与父母沟通，对父母表现出不耐烦。尤其是在青春期阶段，当孩子自身遭遇了青春期的巨大变化，体验了青春期的极端性、多变性等，更会与父母产生沟通的隔阂。这时，父母需要更加理智地看待孩子的变化，接纳孩子的发展，从而更好地引导孩子进行亲子沟通。同时，父母也需要处理家人之间在沟通方面产生的问题，如家人之间对孩子的教养态度不一致、教养方法有冲突等，从而给孩子创造一个温馨、和谐的家庭环境。

在同伴交往中，孩子可能会遇到一些问题，比如孩子不愿意与别人交往、处理不好与异性的关系等。这些问题假如无法及时解决，会影响孩子以后的人际交往和社会适应，更会对孩子的身心发展产生负面的作用。如果得到了妥善的解决，孩子则会变得开朗、合群。

在师生交往中，父母要成为师生之间沟通的桥梁。孩子可能会惧怕老师、抗拒老师的管教、拒绝老师的批评等。父母应该学会换位思考，先理解孩子，再引导孩子合理看待师生之间的沟通。同时，父母也要向老师了解情况，促进师生之间的正向沟通。

父母需要引导孩子认识到，对待父母和老师需要尊重、爱戴、理解，对待同龄孩子需要相互尊重、互帮互助。最重要的是，人际沟通是会出现困难或误解的，需要及时澄清与相互了解，也需要彼此体谅，这样才能更好地促进交往。

孩子不愿和父母沟通，怎么办

情景故事

小明是一个初二的男孩，就读于一所不错的中学，虽然成绩中等，但平时上课认真听讲，作业按时完成。小明从小个性开朗，与老师、同学关系都很好，还在班级担任体育委员。一直以来，小明和爸爸妈妈关系也很好，爸爸妈妈很少过问他学习上的事情。小明上初二后，爸妈希望他能提高学习成绩，中考后能上一所好的高中，于是经常向小明灌输“好好读书”“考上好的高中才有好的未来”等言论，试图激发小明的学习兴趣。可是，这不但没能让小明好好学习，反而让他开始变得烦躁，性格也变了，变得不爱说话，和爸妈的沟通也少了。每天放学一回家，他就把自己关在房间里，饭桌上也不和爸妈闲聊。小明的变化，爸妈看在眼里，急在心里，不知道小明发生了什么事，也不知道如何改变这种状况。有几次，爸妈耐着性子，用温和的态度主动邀请小明交流，希望了解小明内心的想法。可是，面对爸妈，小明都以沉默应对。小明的反应，让爸爸妈妈更加困惑和焦虑。小明的爸爸妈妈该怎么办呢？

故事分析

上述故事中的小明发生了怎样的变化？

小明的变化发生在初二时，他由原来的开朗变成了内向，由原来的“和父母关系很好”变成了“不愿意和爸妈沟通”，用烦躁、沉默来应对爸妈的唠叨。

那么，导致小明变化的原因有哪些？

1. 小明成绩中等，考上好的高中是有难度的，这引起了爸妈的焦虑。而爸妈缓解焦虑的方式是用唠叨将自己的焦虑传递给小明，期待小明在学业上能有所变化。而这种方式让小明感受到了压力，并因为无法向父母表达自己的压力，他选择了用沉默的方式来应对。

2. 关于小明的学习规划，爸妈并没有事先和小明商量，只是单方面将自己的期待强加给小明。爸妈既没有全面了解和评估小明的学习能力、学习习惯等，也没问询过小明面对中考的学习规划及想读什么样的高中等，而是用隐晦的方式对小明提出了新要求。这既没有尊重小明，也过度取代了小明在学业上的自主性。

3. 小明成绩一直中等，上课认真听讲，作业能按时完成，和同学老师关系很好。这说明小明学习态度不错，能动性好，人际关系比较和谐。小明的成绩一直维持在中等，可能的原因是什么？爸妈需要多观察和了解其学习习惯、学习能力、学习动机等，才能根据小明的实际情况去帮助他。

家教策略

故事中小明爸妈的困惑，也是当前很多父母都会遇到的普遍性困惑。当孩子不和父母沟通的时候，父母如果换一种态度去应对，也许就能突破亲子关系的“冰点”。

1. 孩子不和父母沟通的时候，父母需要允许孩子“零沟通”。很多父母会抱怨，孩子小时候很乖、很听话，现在却很叛逆，没法沟通。当亲子关系出现“零沟通”时，孩子大多到了青春期，有了自己的主见，有独立的意识。因而，出现“零沟通”时，父母要意识到自己的孩子长大了，不再是躺在襁褓中的婴儿。如果父母抓住孩子“不开口”而指责、抱怨，给孩子施加压力，不但不能让孩子开口，反而会让孩子变得更不愿意与父母沟通。父母要做的是允许他们“不开口”，同时多观察孩子。在孩子状态稳定的时候，靠近孩子，可以是聊天、分享，也可以是提问。孩子从父母的言行中感受到被尊重、被关心，才不会关闭心门，不会沉默以对。

2. 当父母对孩子的未来有所担忧甚至焦虑时，父母要做的就是先稳定自己的情绪。父母养育孩子的过程就是充满焦虑和各种担忧的过程，而父母能稳住自己，不被焦虑过度影响，才能更好地养育孩子。父母的焦虑状态，会让孩子觉得不安全，打破孩子的稳定状态，让孩子也变得焦虑。青少年的焦虑有时候会让他们无所适从，有时还会出现“卡”住的状态。这样的状态又会让父母更加焦虑，进而形成恶性循环。父母要避免这种恶性循环，首先要能在焦虑的时候意识到自己的情绪状态，或者父母彼此提醒、彼此安抚，或者找人聊聊、缓解焦虑。即使做不到，父母也可以用探寻的方式去了解孩子对于学习的规划，而不是直接把焦虑传递给孩子。父母稳定的状态，会让孩子觉得安全。对青春期的孩子来说，这点尤其重要。

3. 孩子不和父母沟通的时候，父母需要自我反思。家庭咨询会关注家庭成员的沟通过程，当出现孩子不愿和父母沟通的情况时，会形成一个假设，即亲子之间的沟通出现了不顺畅的情况。“零沟通”也是一种沟通，孩子可能是用对抗或逃避的行为和父母进行“沟通”，而父母更希望的是孩子用语言沟通，这样沟通就形成了错位。当这样的现象发生后，父母不要把孩子这种“零沟通”视为问题，而是要去思考发生了什么才让孩子这样，怎么做才能让孩子开口。

4. 孩子不和父母沟通的时候，父母需要加强养育理念的学习。家庭教育中重要的养育理念之一就是因材施教、因人而育。父母需要根据孩子自身的能力去制定合适的成长规划，根据最近发展区①给孩子一些帮助和激励。对于孩子的学习规划，父母需要和孩子一起协商，如考什么样的高中等。协商过程可以让孩子体验到自己的能力、价值，也能让他们感受到作为独立个体被尊重。因而，父母在养育孩子的过程中，需要带着自己的经验，但不局限于自己的经验，平等地和孩子沟通，这样才有和谐的亲子关系。

孩子喜欢“怼”父母，怎么办

情景故事

男生小亮刚上初中一年级，入学一个月以来，小亮各方面适应得还不错，在学校人际关系也挺好的，就是回家后喜欢“怼”爸妈。国庆假期，全家一起出去旅游。一天全家来到了美丽的湖边，爸爸指着湖边的景色，高兴地对小亮说道：“小亮，你看，这景色多美啊！”说完爸爸转头看着小亮，小亮不冷不热地回答：“这有什么美的！走吧，走吧！”爸爸听了，脸色有点阴沉，似乎想说什么。妈妈用眼色及时制止了想要说话的爸爸，温和地对小

① 最近发展区是苏联心理学家列夫·维果茨基提出的，指的是儿童自己无法独立做到，但在其他有经验的人帮助和指导下，能够做得到的发展范围，也就是现有发展区到最高发展区之间的距离范围。

亮说道:“那我们就依你的,换一个地方吧。”小亮提出想要到游乐场玩,他们就一起去了。来到游乐场,小亮的神情都变了,脸上满是高兴。面对丰富的游乐项目,爸妈建议小亮一起玩碰碰车,这个项目相对安全,他们也可以一起玩。小亮却不同意,说:“小孩子才玩碰碰车!”并表示自己要一个人去玩过山车。爸妈说可以先一起玩碰碰车,然后他再自己去玩过山车。他不耐烦地回答:“为什么我偏要听你们的呢?为什么我不能按照自己的意愿做我喜欢的事情?为什么你们偏要和我玩一样的?”爸妈听了,愣了一会儿,只能无奈地接受了小亮的建议,让他一个人去玩过山车,他们就在一旁静静地看着。回到家,爸妈试图和小亮交流这次旅行的感受,可小亮却以“没什么好交流的”又“怼”了爸妈,接着就回自己房间去了。其实,小亮从六年级开始就出现了这样的行为,现在变得频率更高。爸妈自觉说话还算客气,不知道自己到底哪里说错了,才惹得小亮老这样说话。

故事分析

故事中的小亮上了初中后总喜欢“怼”爸妈,其实这样的行为从小学六年就出现了,这让爸妈很头疼。相信很多父母都会有类似的苦恼,对于孩子“怼”父母的现象,父母不可一味地埋怨孩子,而是需要了解孩子“怼”背后的原因。一起来看看小亮的这种行为吧!

1. 怼人,尤其是怼父母,是青春期孩子的一种正常表现。青春期是孩子自我同一性的形成期,这个时期的孩子已经开始探索自我,渴望独立。但由于大脑尚未完全成熟,尤其是发育不足的前额叶皮质,让外界刺激下的负面情绪变得难以控制,孩子想摆脱外界的束缚,却又没有足够的生理条件。所以小时候乖巧、听话、懂事的孩子,到了初中后,会变得暴躁易怒,一点就着,稍微多说他一句什么,都有可能被怼,或者拒绝沟通,有时就会没办法心平气和地与爸妈说话。

2. 怼人是表达自己想法的一种标新立异的做法。孩子到了初中自我意识越来越强，对事物有了自己的观点，当和父母看法不一致的时候，就容易怼父母，冲动地说出自己的想法，以此来表示自己不再是小孩子，显示自己是一个有独立观点的人。

3. 怼人有时候也是孩子讨厌被命令与控制的表现。故事中的小亮不愿意按照父母设计好的路线玩，不想顺着父母的建议走，他通过怼人的方式来表达对父母的不满。可能在他的经验里，怼父母似乎是能让父母听自己的一种方式，其实是希望父母能多听听和尊重自己的想法。

家教策略

面对怼人的孩子，父母不可一味地埋怨孩子，不能用父母的权威压制孩子，而是要用心理解孩子、积极引导孩子。

1. 父母要充分了解青春期孩子的常见心理特征。通过学习青春期孩子的特点，加上日常对孩子的了解和观察，父母能对自家孩子的心理状态和行为有所预判。当孩子出现不稳定情绪的时候，父母就不会慌乱，也不会被孩子的情绪所扰动，更不会被孩子的不稳定情绪带出自己的负面情绪和冲动的言行。

2. 父母陪伴孩子要有度。父母陪伴孩子的时候，要把握好“度”，要给孩子独立的空间和时间，既不能放任不管，也不能牢牢控制。如果对孩子放任不管，敏感的孩子就会以为父母不爱他。如果对孩子牢牢控制，孩子就会压抑、反抗，甚至会引发破坏性亲子冲突。父母一直在“那里”，孩子需要的时候就出现，不需要的时候就默默关注，不打扰、不干扰。

3. 父母和孩子的沟通要以尊重为前提。父母和孩子，年龄不同，角色不同，认知不同，见解自然会有分歧、有冲突。这很正常，父母要做好心理准备。如果父母在和孩子沟通的时候，能尊重孩子，即使有分歧也做到尊重，孩子自然就会感受到，继而也学会尊重父母，会考虑父母的建议。如果父母在和孩子沟通的时候，没有换位思考，一味要表达“为你好”，甚至言行强势、粗暴，那么孩子感受不到尊重，也很难听进父母的建议，哪怕意见非常正确，孩子也不愿听，久而久之，孩子的内心就会对父母关闭。

4. 营造民主的家庭气氛。为了让孩子有话可以轻松讲出来，父母不能时刻以权威自居，不妨在家里营造出足够的民主气氛，谁说得有理就听谁的，并且鼓励孩子随时讲出自己的感受、想法和观点，随时化解孩子的委屈。父母不怕没威信，父母的尊重、民主，孩子会理解并认同。如果父母总是以“大”压小，反而会导致孩子在日后形成逆反或逃避心理。父母不妨冷静下来，将孩子的“怼”视为“特殊的交流方式”，正视冲突背后的原因，放下粗暴简单的对话姿态，用平等尊重的态度和孩子交流。父母在面对冲突时的状态就是对孩子最好的引导。

孩子做事磨叽，怎么办

情景故事

女孩小曼读小学四年级，从小做事比较慢，吃一顿饭至少要花半个小时，而且基本都是由外公外婆喂饭。爸妈喊她刷牙要喊很多次，她才去。为了让小曼快一点，爸妈会事先帮她挤好牙膏，倒好水。早上起床，要喊好几遍。外公外婆看她很困的样子，就会直接帮她穿好衣服，再让她起来吃早饭。有时候早饭还没吃完，上学的时间就到了，爸妈就会催促她赶紧走。她学习很认真，但每次写作业很慢。对此，爸妈特意对她进行了观察，发现她写语文作业的时候，写得很专注，每一个字的笔画，都写得很认真。一个简单的抄写作业，她也要花不少时间，经常作业要写到晚上八九点。爸妈很着急，忍不住在旁陪着，不停催促她：“不用每一个字都写那么好！差不多就行，快点吧！”小曼听了很着急，但是又没办法写那么快，有时候还急得直哭。爸妈看到她这样，恨不得帮她写作业，但小曼坚决不同意，爸妈只好每晚这样陪着。一想到小曼马上要读高年级了，作业会越来越多，爸妈忍不住担心，她会不会很难适应后面的学习？

故事分析

孩子做事情慢，是一件让所有父母都头疼的事。故事中的小曼就是这样的孩子，她从小吃饭慢、刷牙慢，爸妈看在眼里，急在心里，为了快点完成一些事情，就会免不了帮她。可是写作业慢这件事，小曼坚决不要爸妈帮忙，坚持自己写，常常写到很晚。想要改变小曼做事情慢的习惯，就要先弄清原因。那么，哪些原因会导致孩子做事情慢呢？

1. 与父母包办太多有关。嫌小曼吃饭慢，外公外婆就把饭拿过来喂；嫌小曼刷牙磨蹭，爸妈就帮着挤好牙膏、倒好水；早上起床困难，就帮她穿衣服。这样循环往复，孩子就会渐渐养成做事磨蹭的习惯，惰性越来越强，依赖性越来越大。

2. 与孩子时间观念模糊有关。时间是个抽象的概念，越小的孩子对时间的概念越模糊，但在其成长过程中，孩子是可以慢慢学会有时间概念的。比如，什么时候吃饭？吃饭要多久？什么时候刷牙？刷牙要多久？什么时候开始写作业？今天作业多少？大概要写多久？如果孩子一直没有形成对时间的感知，被父母和家人推着往前走，那么她的时间概念就完全来自家庭的指令和催促，但这样并不能帮助她建立时间概念。

3. 与孩子的个性有关。有的孩子生来就性子慢，他做事情的节奏就是慢慢悠悠的。如果父母没有足够的耐心，等孩子自己把做完事情，就急急忙忙插手，反而会破坏孩子的节奏，妨碍孩子发展调动自我的能力。慢性子不意味着孩子永远都慢，正常的孩子都有很好的自我调节能力，只是需要在现实中学会根据事情的重要程度来调整自己。

家教策略

孩子总是很慢时，父母忍不住会去帮忙。这看起来是帮助孩子解决当下的困难，但实际上不利于孩子养成好习惯。建议父母从以下几方面作出改变。

1. 注重对孩子行为习惯的训练。有些孩子做事慢是自身的慢性子造成的，而有些孩子是生活散漫、做事拖拉养成了习惯。在日常生活中，父母可以对孩子进行一分钟专项训练，让孩子感受一分钟可以做多少事，如早起比赛穿衣、限时洗漱等。在这个过程中，注意不要给孩子太大的压力，做不好也不要批评孩子。重要的是，要让孩子愿意参与，并能体验快的感觉。父母也可以带孩子做一些室外运动，增强孩子的敏捷性和灵活性，如打羽毛球、打乒乓球、跳绳等。

2. 耐心面对孩子的“慢”。当孩子做事磨蹭时，一些父母会表现得比较性急，会大声冲孩子嚷，对孩子责备个不停，有的还会忍不住打骂孩子。孩子因为父母的反应暂时被吓住，做事变得快了一些，但事件平息之后，孩子依旧磨蹭。孩子磨蹭，可能是孩子做一件事比较慢，可能是这件事对于孩子来说难度较大，可能是孩子不知道其中做得更快的要领，也可能是孩子已经养成了磨蹭的习惯。而父母要做的就是先观察孩子的表现，并思考孩子慢的可能原因。如果是做事天生慢，在不影响生活和学习的情况下，父母可以让孩子按照自己的节奏做事；如果是事情的难度比较大，父母可能需要询问孩子的困难是什么，并和他讨论怎么解决困难；如果是需要知道要领，父母可以给出一些经验供孩子借鉴。不同的情况，父母的做法也不一样。无论从哪个角度帮助孩子，父母都需要有足够的耐心。

3. 培养孩子的时间观念。生活中，多用具体的时间名词，比如“再玩10分钟”“还有2分钟就能到学校”“5分钟洗漱好，时间到了喊你”等，代替“一会”“马上”“不久”等笼统模糊的表达。此外，父母还可以和孩子玩一些计时的游戏，如1分钟内看谁拿到的积木多；或者给孩子布置规定时间的任务，如5分钟内拼好一个拼图、半小时内完成作业等。从而让孩子从日常生活中积累经验，使孩子对于早晚、5分钟、半小时、1小时等时间段有清晰的认识，有利于孩子更清楚地感知时间。接着再慢慢放手，多给孩子自己掌控时间的机会。有了自主感，孩子会更主动自觉。

4. 父母做好榜样，给孩子积极引导。在孩子磨蹭这件事上，父母可以用自身的行动来促进孩子作出主动改变。比如孩子睡觉前总是磨磨蹭蹭，父母可以提醒一下孩子，然后自己洗漱好上床睡觉，孩子看在眼里，就会被带动。孩子平时行动慢，父母可以做好自己，有效率、有条理，让孩子在耳濡目染中模仿并养成这样的行为方式。

总之，对于孩子的磨蹭、慢节奏，想改变是有迹可循的，需要父母对孩子有足够的观察和了解，并愿意学习、调整自己的引导方式。

孩子大了，想管管不了，怎么办

情景故事

女孩小楠是小学六年级的学生，成绩优秀，基本上学习的事情都不用操心，但在生活方面对爷爷奶奶很依赖。因为爸爸妈妈工作很忙，她从小由爷爷奶奶照顾。经常早上爸妈出门的时候，小楠还没有睡醒，晚上爸妈回家，小楠已经睡着了。由于小楠不怎么需要操心，爸爸妈妈依旧沉浸于自己的工作中。周末的时候，爸爸妈妈会请爷爷奶奶和小楠一起外出吃饭，吃完饭回家各做各的事情。最近，爷爷奶奶会跟爸妈讲："我们现在年纪大了，有些话讲了小楠也不听，你们有空得管管她！"爸爸妈妈听后，想了想，小楠快到青春期了，一直让爷爷奶奶管确实也不好，是需要父母参与她的成长，虽然工作忙碌，但适当地调整一下，好像也是有时间去管孩子的。周末的一天，小楠起床后就去吃早饭，妈妈看到床上的被子乱成一团，书桌上也乱七八糟的，就对小楠说："你吃完早饭，把房间收拾一下。"小楠一边吃，一边点头答应了。到了中午，妈妈到房间喊小楠吃饭，却发现她趴在床上看书，被子还是那样，桌子依旧乱糟糟的。妈妈有些生气，对小楠说："你怎么还没收拾?"小楠若无其事地回答："平时都是奶奶收拾的，等会儿她会帮我收拾的。"妈妈听了更生气，但又无可奈何。晚上的时候，爸爸妈妈一起找小楠谈话，告诉小楠，她现在大了需要学会自己的事情自己做，小楠听了就回答道："爷爷奶奶都不要求我，你们平时也不管我，现在凭什么这么要求我!"爸妈听了又是内疚又是生气，不知道该怎么去教育她。

故事分析

故事中小楠的父母在她小的时候忙于工作，想要好好管小楠的时候，却发现很难管，为什么呢?

1. 父母在管孩子前，先要和孩子建立一定的情感联结。小楠虽然一直和爸妈生活，但因为他们工作忙，在她的成长过程就缺失了对她的陪伴，她的生活几乎都是由爷爷奶奶照顾的。由于缺乏相处时间，父母和孩子的情感联结可能不够紧密。在这样的情况下，父母不注重先和孩子建立好的情感，直接去管孩子，孩子是不可能接受的。

2. 父母的补偿心理会导致他们容易将目光关注于小楠的问题上。比如父母盯着她"不及时收拾房间"的这点，这样的关注会让小楠感受到"审视"，让她不舒服。而父母盯着一个点越多，越容易把问题放大，进而感到焦虑。这样的焦虑就会引发父母的干预，小楠父母就直接给她提建议，但在小楠看来这可能不是建议而是指责与不满意，容易引起小楠的反感。青春期孩子的父母，和孩子交流的首要条件是良好的亲子关系，其次是尊重和理解，然后需要认真了解情况，最后才能是温和地提建议。

3. 小楠对爷爷奶奶的过度依赖，让她没有机会形成自理的习惯。爷爷奶奶把小楠照顾得无微不至，尤其在生活方面，他们可能都没有让小楠试过自己照顾自己。爷爷奶奶习惯了如此照顾小楠，小楠也习惯了爷爷奶奶的照顾，父母的介入其实是打破了他们的互动。要改变小楠的依赖，需要时间，也需要父母有足够的耐心去引导小楠慢慢自理。

家教策略

社会发展迅速，工作节奏越来越快，故事中小楠爸妈的烦心事，在现实生活中我们并不陌生。如果父母在孩子小的时候忙于工作，等孩子大了才发现孩子难管了，该怎么办呢？

1. 父母要平衡好工作与生活的关系。父母都知道孩子一转眼就长大了，需要父母陪伴的时间无非就是人生前面的十几年。因而，无论工作多忙，父母都不能将所有时间放在工作上，要找到工作与生活的平衡点，花点时间在孩子身上。时间总是有的，只是看父母愿不愿意挤出来，哪怕只是和孩子聊一聊她最近感兴趣的事，问一问孩子最近在学校过得好不好，即使用的时间少，却会让孩子感受到父母的关心，也能持续和孩子的互动。

2. 父母要给予孩子高质量的陪伴。陪伴，不是放下工作，一天 24 小时陪着孩子，也不是和孩子待在一个空间，各做各的事，而是高效地利用生活中的碎片时间，用有效、温暖的方法参与孩子生活的点点滴滴。在《游戏力》一书中，美国心理学家劳伦斯·科恩表示，和孩子一起玩，是建立亲密关系的最佳方式。因为和孩子相处，最好的方式不是说教，而是以孩子易于接受和理解的语言，玩给他看。周末休息时，父母可以陪孩子一起玩游戏、做运动、聊聊天。只要在陪伴的过程中父母专心、投入地与孩子互动，这些陪伴就属于高质量的、充满爱的陪伴。

3. 父母要和孩子进行有效的沟通。父母和孩子的沟通方式，决定着孩子内心的温度。沟通的本质是爱，而爱的本质是如孩子一般单纯地愿意相信孩子。父母需要主动和孩子沟通，向孩子传递关心、表示好奇，建立好亲子之间的关系，让孩子信任父母。

4. 帮助孩子形成自理能力。父母要多欣赏孩子的优点，尤其是鼓励孩子去做靠自己就能做好的事情。小楠是一个能把学习处理好的孩子，父母对此就可以表达感谢与欣赏。在生活中，父母不强求她一定要做家务，但可以邀请小楠一起参与家务，在轻松的氛围中一起劳动。这样小楠对于家庭的参与感也会增强，如果她家务做得好，父母可以继续鼓励。在日常生活中，父母要坚持邀请小楠，这样小楠的自理能力就会不断提升。

孩子冷漠自私，怎么办

情景故事

男孩小沫读小学五年级，性格温和，学习成绩中等，各方面表现不错，让爸妈觉得很省心。但是，有一点一直让爸妈担心，就是妈妈觉得他有点冷漠和自私。小沫从小是由妈妈照顾的。小时候，小沫虽然内向，但是和妈妈还是很亲近的，爸爸也很关心小沫，但爸妈之间的关系不是特别亲密。一天，妈妈身体不舒服，在家躺了大半天，小沫放学回家，放下书包，对妈妈喊道："妈妈，我肚子饿了。"妈妈在房间回应道："我现在不舒服，在房间躺着呢！"小沫听了，并没有到房间看看妈妈，而是跑自己房间写作业去了。妈妈听到外面没有声音，就起床走到小沫房间。小沫抬头望了望妈妈，就低头继续写作业了。妈妈见状后，心里很不是滋味，觉得小沫很自私、很冷漠，一点都不关心人。

故事分析

故事中的妈妈感觉小沫不会关心人，认为小沫自私冷漠。那么，让小沫变得自私冷漠的原因可能有哪些呢？

1. 可能受父母之间不是特别亲密的关系影响。父母是孩子的一面镜子，父母之间的互动模式对孩子的成长有着潜移默化的影响。小沫爸妈之间的关系不是特别亲密，可能是不太会主动表达对彼此的关心，也可能是爸妈之间有矛盾。慢慢地，这种互动方式就会刻在小沫的脑海中。因而，面对妈妈身体不舒服的时候，小沫可能就不会主动表达对妈妈的关心和担心。

2. 可能与小沫的感受力不强有关。小沫放学回家，妈妈明确告诉他身体不舒服，可他似乎没听进去。从小备受爸爸妈妈照顾，接受爸妈的关爱很多，可能小沫在人际交往上主动给予的机会很少，因而没能及时去妈妈房间看看妈妈、关心妈妈，更不会主动照顾妈妈。

3. 可能与小沫缺少与同伴交往的机会有关。同伴交往对孩子的社会化具有十分重要的影响。在交往中，孩子们一起解决困难，互相帮助，表现出自己的智慧、能力。有了这些你来我往的互动，以及在互动中的思考与体会，孩子才能逐渐明白自己的需要和他人的需要，才能真正脱离以自我为中心的思维模式和行为习惯。缺少小伙伴的孩子，会出现很多问题，“自私自利、冷漠”就是其中的一种。

家教策略

面对看上去很自私冷漠、不会主动关心别人的孩子，父母应该怎么办呢？

1. 不要轻易给孩子贴上负性道德评价标签。当父母发现孩子在人际交往中变得自私、冷漠时，不要轻易给予孩子负面的道德评价。孩子只是看起来自私冷漠，不一定是真的自私冷漠。他们处于身心发展不稳定的成长阶段，如果父母贸然对孩子说“你很自私，很冷漠”，就会引起孩子强烈的情绪反应，强化其自私冷漠的行为，很容易使他变成真正的自私冷漠的孩子。

2. 营造温暖有爱的家庭氛围。从某种程度上而言，孩子的自私冷漠与家庭环境密不可分。一个和谐美满的家庭中，父母之间感情亲密，互相包容，相互扶持，相互陪伴，同时父母对孩子的爱也会及时表达出来，那么家庭中就会流动着爱。孩子置身于这样温暖的环境中，就会在潜移默化中将爱内化于心，自然而然地也就学会表达爱和关心。

3. 注重对孩子感受力的训练。父母可以带领孩子到生活中去感受“热心”的暖流。父母可以利用周末带孩子去参加一些志愿活动或慈善活动，例如爱心义卖。父母在日常生活中要强化孩子的“热心”行为。当孩子和父母提及在班级帮助同学的具体事情时，父母要及时肯定、夸赞和鼓励孩子。这样可以正向强化孩子的“热心”，有效遏制“冷漠”行为。当然，更重要的是，父母要注意孩子的同理心训练。同理心，指的是能站在他人立场上，从他人的角度去思考、体验和感受问题，能想他人所想，急他人所急，乐他人之乐。父母可以和孩子开展一些角色扮演的游戏活动。例如，让小沫扮演生病躺在床上的妈妈，妈妈扮演小沫，将上述故事的情境重新扮演一回，让小沫体验到没人关心自己的感受，进而可以去感受妈妈的体会。妈妈也可以趁机分享自己的需要，让小沫学会关心他人。

孩子不愿意交朋友，怎么办

情景故事

男孩小柚读高一，学习成绩中等偏上，酷爱读书，喜欢思考。初中时候，小区里有几个同学和他是好朋友，他们经常约着一起打球，一起看电影。但是，读了高中后，他的朋友都不在一所学校了。一开始，他和班级同学还能玩在一起，慢慢地就不和他们玩，喜欢独来独往了。妈妈对他的这种情况有点担心，就问他：“你现在怎么总是一个人啊？你在班上没有朋友吗？”小柚回答：“他们太幼稚了，我不想和他们玩。”爸爸劝道：“人怎么能没有朋友呢？你将来进入社会，是需要朋友的。”小柚听了不吭声，看了看爸爸，然后就去看书了。几天后，爸爸联系了班主任，了解到小柚在学校各方面表现还可以，就是不太喜欢和同学交往。爸爸恳请班主任安排小柚和性格外向的同学坐在一起。一个月后，爸爸又向班主任了解小柚的情况，获悉小柚没有任何改变，依旧不愿意交朋友。爸爸有些着急，不知该怎么办。

故事分析

孩子为什么会出现不愿意交朋友的现象呢？

1. 青少年时期特有的闭锁性心理可能会导致孩子不愿意交朋友。闭锁性心理是一种阶段性的心理现象。进入青春期后，孩子的独立感增强，心理生活更加丰富，而表露于外的东西减少，以此来彰显自己的成熟和稳重。另外，他们对周围人存在不信任态度，不愿意轻易表露自己的内心。若这种闭锁性一旦过度，则会导致自我封闭。孩子习惯了一个人，他交友的积极性就会大大降低。久而久之，孩子就不愿意交朋友。

2. 有过被忽视或者被拒绝等挫败经历的孩子会不愿意交朋友。被忽视的孩子通常被同伴描述为害羞的人，他们常羞于与人交朋友。被拒绝的孩子通常被同伴描述为非常不喜欢的人，他们一般表现出较高的攻击性，或扰乱课堂活动和集体游戏，或存在情绪问题，因而常被同伴拒绝。此外，拥有过友谊的孩子经历过被朋友排挤、背叛之后，也会对交朋友产生抗拒心理。这些被忽视、被拒绝以及遭到背叛的孩子，会选择回避交往，以保护自己免受二次伤害。

3. 孩子的高傲以及追求完美的择友标准也会使其不愿意轻易交友。由于青少年时期的孩子尚不能确切地评价和认识自己与他人，他们常以理想中的标准来择友。理想中的朋友不光相貌好、人品佳、学习能力强，还能带领自己提升各方面的水平，几乎是一个完美的人。而现实生活中总是人无完人，孩子的这种高傲与完美的择友标准，会导致他们因为别人的小缺点而拒绝交往。

4. 有些孩子是由于缺乏社交技巧而抑制了交往意愿。青少年中存在一部分交往行为欠佳的孩子，他们在交往时表情僵硬、不懂倾听、说话刺耳等，从而影响双方交往的进一步发展。笑容往往能给人亲切友好的感觉，缩短双方的心理距离。但一些孩子有着一副冷冰冰的面孔，让人产生距离感。倾听是给予对方必要的尊重。但生活中也不乏这样的孩子：对方还在表述自己的观点，他们就没有礼貌地低声嘀咕甚至直接打断。另外，他们无意的一句话，就能使原本欢乐的氛围瞬间变冷。所以，这些缺乏交往技能的孩子，即使想交友，但由于不会交友，也只能看着同学们围在一起，有说有笑，他们往往只有羡慕的份儿。

家教策略

同伴交往所形成的同伴关系与同伴经验是孩子社会性发展的一种需要，对他们正常的社会性发展起着重要的作用。良好的同伴关系有利于孩子形成自尊、自信的性格，有利于其良好道德品行的形成，促进其自我认识的发展和社会能力的提高。对于孩子不愿交朋友的情况，父母应先了解孩子不愿交朋友的原因，以便有针对性地进行指导。

1. 若孩子是因闭锁性心理而不愿意交朋友，那么父母在日常生活中，可以让孩子看到人的多面和多元，并找机会和孩子讨论什么是成熟、什么是稳重、人是怎样从幼稚发展到成熟和稳重的等话题。在这样的讨论中，孩子也许就能理解同学的一些表现，而不是要求同学和自己的发展处于同一水平。同时，父母也可以鼓励孩子敞开心扉，多交朋友。

2. 若孩子是因与朋友发生矛盾而拒绝交友，那么父母可以先向孩子了解情况，理解孩子因为关系的破裂而感到受伤、委屈等，和孩子一起分析矛盾产生的原因，讨论可能的解决措施。如果孩子愿意，也可以鼓励孩子尝试修复关系或重新寻找合适的朋友。

3. 若孩子是因对朋友的过高标准而拒绝交友，那么父母可以引导孩子认识到人无完人，不能因为他人的某个缺点就否定他人，拒绝与他人交朋友，要善于发现他人的闪光点。同时，父母可以和孩子讨论他在同伴交往中在意的品质、价值观等，让孩子明晰自己的界限与要求。

4. 若孩子是因失败交往经历的阴影而不愿作出新的尝试，那么父母可以先让孩子形成良好的自我印象，让孩子明白有些友谊走着走着就散了，不一定是自己或他人的错。即使有些错误带来了交往失败，也可以从中学习，在新的同伴交往中实践和调整。同时，父母也可以鼓励孩子主动与人交往，锻炼交往技能。克服交往失败的好办法就是创造更多的成功交往经验。如果孩子同意，父母可以带孩子多参加户外活动，鼓励孩子多和同伴共同游戏；可以让孩子参加自己感兴趣的学习班或夏令营，在学习、生活中交到志同道合的新朋友；还可以定期带孩子参加家庭聚会，经常邀请孩子的朋友到自己家里做客，给孩子提供充分的人际交往的机会。

孩子早恋了，怎么办

情景故事

女孩小青是高一的学生，漂亮文静，比较乖巧，学习成绩很好。爸爸妈妈对小青一直都很放心。最近小青有些不一样，回家了就是躲在房间里面，经常拿着手机发消息，有时候到十一二点还不睡觉，躲在被窝里看手机。爸爸妈妈要限制她使用手机，但是她不愿意。有一天，妈妈无意中看到了她手机里跳出来一条信息："你在吗？我想你了。"妈妈很震惊，回想起小青这段时间的变化，除了常常拿着手机外，还变得爱打扮，看手机时还会发出笑声。妈妈猜测小青可能早恋了。等小青放学回家后，妈妈严肃地问她："你是不是谈恋爱了？"小青立刻否认："没有啊！"妈妈生气地说道："我看到你手机里跳出了一个男孩发来的信息，你还想狡辩吗？"小青听了，立刻质问妈妈："你凭什么看我手机？"就这样，母女俩争吵了起来，最后以小青哭着回房间结束了这场争执。妈妈很伤心，一向乖巧的女儿竟然会和自己顶嘴，也很担心早恋会影响女儿的学习。现在母女俩吵成这样，接下来怎么和孩子谈早恋的事情呢？万一孩子不愿意谈怎么办？

故事分析

故事中的小青为什么会出现早恋的情况？怎样看待妈妈对小青的态度呢？

1. 恋爱对青少年来说是一个非常重要的情感体验，是他们寻找“自我”的一个过程，是他们学习如何处理情绪、情感和亲密关系的重要机会，也是青春期的正常现象。孩子到了青春期，生理逐渐发育，性意识也开始萌发，异性之间会产生好感、爱慕。怎么去爱一个人，如何爱一个人，是孩子需要学习的。当孩子出现了对异性的好感或爱慕，正是探索和学习的机会。

2. 父母用“过来人”的身份去看孩子现在的感情经历，认为是幼稚的、不成熟的，甚至是危险的。如果只是简单反对孩子早恋，很容易导致亲子冲突。小青目前是否恋爱还不确定，但妈妈的严肃批评与质问，已经让亲子关系受到了影响。

3. 个人隐私被窥探意味着不被尊重。孩子到了青春期是非常在意个人隐私的。有的父母为了了解孩子的情况，会私下查看孩子的日记本、聊天记录等。这样做不仅侵犯了孩子的隐私，还让孩子觉得父母不信任自己。而青春期孩子更需要被尊重和信任。小青妈妈以手机里跳出来的聊天信息指责小青，让小青非常气愤。在这样的情绪状态下，母女之间的沟通就变得更加困难。

家教策略

青春期孩子如果恋爱了，父母该怎么办呢？

1. 不要指责或打骂。在面对青春期孩子恋爱时，父母要学会冷静。如果父母十分生气，一味地指责或打骂，那么只会适得其反。有的孩子只是对异性有好感，对于要不要谈恋爱还在纠结；有的孩子已经谈恋爱了，但内心还是会担心和苦恼。如果父母对此的态度是指责或打骂，那么孩子就容易产生逆反心理，名正言顺地谈起来。这并不利于孩子思考恋爱的相关问题。父母首先要做的就是耐心地和孩子沟通，让孩子能够说出内心的想法，从而根据孩子的内心想法引导孩子。

2. 多与孩子沟通。对于青春期恋爱的孩子，父母要去理解其行为，但也需要主动和孩子进行沟通。首先，父母要诚心与孩子沟通，邀请孩子说说具体的情况，并适当表达自己对于孩子恋爱的担心。其次，父母要有耐心。有时候孩子会因为担心而不愿意说，可以先观察孩子，再找机会继续沟通，平时也让孩子对自己多一些信任。再次，父母要正向引导。恋爱并不是什么坏事或错事，一个人爱别人和被别人爱都是一件幸福的事。但是也要引导孩子去思考，如何做到学业和恋爱两者兼顾？恋爱可能要面对哪些压力和风险？

3. 尽早地对孩子进行性教育。对于孩子的性教育，有些父母不在乎，有些父母不知道怎么做。其实性教育从孩子小的时候就可以开始了，比如认识自己的身体，这对于孩子的成长来说很重要。到了青春期，父母对孩子的性教育，可以是性安全教育，增强孩子的认知，避免严重问题的发生。另外，父母可以参考联合国教科文组织的全面性教育的内容（关系，价值观、态度和技能，文化、社会和人权，人体发育，性行为，性和生殖健康），从多元的角度进行性教育。

孩子怕老师，怎么办

情景故事

女孩小诺上小学二年级，长得白白净净，比较内向，不太愿意开口说话。

升入三年级后，换了新的班主任，新班主任教学水平很高，同时对学生也比较严厉，对班级的纪律和学生的行为习惯管得非常严。如果有学生犯错误了，班主任就会毫不留情地批评，班上的同学都很怕他。小诺就更不用提了，每次看到班主任老师进教室，她就会觉得很紧张，特别担心自己做错了会挨批。有一次，她被班主任喊起来回答问题，但是因为太紧张而说不出来，老师看了看她，什么也没说，就让她坐下去。接下来的时间里，只要是班主任上课，她就特别害怕被提问，上课的时候注意力不集中，学习成绩也有所下降。班主任发现了她的变化，把她喊到办公室询问原因，小诺低着头一声不吭。班主任把这个情况反馈给了父母。父母问小诺怎么了，小诺就说自己很怕老师。父母觉得班主任挺好的，劝慰小诺，让她不要怕老师，但小诺还是害怕。父母不知道怎么帮助小诺才好。

故事分析

在小学阶段会出现很多孩子怕老师的情况，但孩子在学校的时间比在家的时间还要长，老师的一举一动，对孩子都有着潜移默化的影响。对低年级的孩子来说，从家庭走向社会，首先遇到的权威人物就是老师，所以对于老师的敬畏和信任较多，这也是孩子社会化过程的必经阶段。故事中的小诺害怕老师，可能存在以下一些原因。

1. 与孩子的个性有关。故事中的小诺性格内向，一般而言，性格内向的孩子会有敏感的特质，比一般的孩子更容易感受到外界的压力。同时，压力对于这类孩子的内心也会带来较大扰动，让孩子觉得很不安，继而在一些情境下会有被“冻住”的表现。

2. 与父母的教育方式有关。当父母得知小诺在校怕老师时，父母会与小诺沟通，但却没能了解小诺的想法，而是以讲道理的方式教育小诺不要怕老师，这样对小诺并无帮助。因为小诺对权威的害怕依旧存在，这样的感受如果不处理，就无法面对老师，也不能解决问题。

3. 与老师的严厉有关。按照常理，孩子害怕老师是因为不能忍受老师对自己严格的态度，或不能接受老师对自己的批评而产生的一种情绪。小诺的班主任对孩子严格，但并不是随意发脾气。只是对于性格内向、年龄较小的小诺而言，她只看到了班主任严厉的一面，无法全面看待班主任，也就无法用其他积极、正向的体验来抵消一些害怕。

家教策略

孩子害怕老师可能会直接影响孩子的学习兴趣和学习效率，需要父母加以关注和处理。

1. 创设宽松的表达氛围，了解孩子怕老师的原因。孩子害怕老师通常有两种情况：有的孩子看到老师在批评别的同学时态度特别严厉，就会不由自主地联系到自己身上，以为是在批评自己，不由得产生害怕心理。有的孩子因为学习成绩不太好，害怕老师提问自己，担心回答不上来挨批评。不管是什么原因，父母都要充分倾听，给孩子创造一种宽松的、充分表达的心理氛围，便于孩子能讲清楚老师批评自己的原因以及具体的批评内容。要认真听取孩子对事情的讲述，以及孩子对老师批评和处理意见的看法。父母充分的倾听，可以拉近和孩子的距离，赢得孩子的信任，可以将孩子怕老师的原因了解得更加全面。在这样的交流中，父母还可以让孩子的情绪得到宣泄，孩子也会感到被理解。

2. 指导孩子学会换位思考。当孩子出现害怕老师的情况时，父母切忌在没搞清事实真相之前就简单粗暴地批评孩子，或者当着孩子的面对老师表达不满情绪。这样做不仅不能让孩子从中受到教育，也不能缓解师生间的矛盾，还有可能会增强孩子对老师的抵触情绪。父母需要做的是指导孩子学会换位思考，可以用角色扮演的方法创设情境，让孩子了解到在什么情况下老师会批评、在什么情况下老师会提要求、在什么情况下老师又会有耐心……这样可以让孩子从多角度观察老师，孩子也许就会对老师有所改观，也许就会改善师生间的关系，减轻孩子对老师的害怕情绪。

3. 和老师保持良好的沟通。老师是孩子的重要他人，是帮助和支持孩子的人。父母应及时向老师了解孩子在校的情况，重视老师提出的与孩子有关的问题。父母一方面要促进孩子与老师建立良好的关系，另一方面也要与老师合作共同助力孩子成长。

孩子总抱怨老师，怎么办

情景故事

学生小福读初三，是一个活泼的男生，成绩中等，学习不太主动，凡事喜欢按照自己的想法去做。上初三后，老师经常会盯着班上同学说还有多少天就要中考了，让大家都把心思放在学习上，上课时不时就拖堂，经常找同学谈其学习状态以及学校目标。小福就觉得老师眼里只有学习和成绩，好像自己是学习机器一样。渐渐地，他就对老师的教育很反感。有时候老师在班上布置学习任务，他就会弄出点声响，暗暗地表达一下自己的不满。老师向父母反映了他的情况，父母问他学校的情况，他就跟爸妈抱怨说："老师管得宽，我一点自由都没有，什么都要跟着老师的节奏走。"父母就教育他："老师这样是为了你好，你都初三了，不抓紧时间学习，怎么考上高中？"小福回答："你们和老师是一伙的！"慢慢地，小福回来就不做老师布置的作业了，学习成绩也在下降。爸爸妈妈心急如焚，但是劝说无果，不知如何是好。

故事分析

故事中的小福对老师的教育很反感，回家抱怨老师的不好，可是父母却教育他要听老师的话，让他更加对老师有意见，也不做老师布置的作业了，导致学习成绩下降。那么，是哪些原因导致小福变成这样的呢？

1. 与青春期孩子的特点有关。孩子到了青春期，很容易出现不喜欢管得严的老师、上课故意捣乱等情况。当老师向父母反映孩子情况后，如果父母站在老师一边，孩子会对老师更加有意见，进而会在相应的学科上出现不认真听讲、不写作业等行为。

2. 与小福的认知偏差有关。小福凡事喜欢按照自己的意愿去做，这是以自我为中心的表现之一；不太愿意听别人的劝告，当老师教育学生要抓紧时间学习的时候，他认为老师将自己当作学习的机器，而忽略了现实——他已经初三，确实需要投入精力和时间去学习。

3. 与小福的学习兴趣不浓有关。小福学习成绩中等，不太主动，可能学习上有困难，也可能学习带给他的成就感和能力感不足，进而影响他投入学习。

4. 与父母和小福的沟通方式不当有关。当老师向父母反映小福在校表现不够好的时候，父母没及时向小福了解具体情况，而是直接教育小福："老师这样是为了你好，你都初三了，不抓紧时间学习，怎么考上高中？"这样的沟通不仅不能帮助小福解决问题，还会让小福感受到不被理解，不愿向父母表达自己真正的想法。

家教策略

孩子对老师有意见很正常，但如果总回家抱怨老师的不好，说明这件事已成了孩子需要去处理的事，这是向父母发出的一个求救信号。父母需要加以关注，冷静思考和引导孩子，以更合理的方式解决这个问题。那么，父母该怎么办呢？

1. 充分倾听和共情孩子。当孩子回家抱怨老师不好的时候，父母首先需要做的是充分倾听和共情孩子，接纳孩子的情绪状态，了解孩子抱怨的背后有哪些未满足的需求，帮孩子解开心中的结，让孩子感受到安全。父母可以告诉孩子："要始终相信爸爸妈妈是永远爱你的，无论遇到什么事，都可以来找我们倾诉和商量，我们永远是你最强大的后盾。”父母可以通过提问的方式，听听孩子内心真实的想法，帮助孩子弄清楚事情的前因后果。

2. 帮助孩子重建合理的认知。孩子抱怨老师不好，意味着孩子看到的都是老师的不足之处。父母可以指导孩子换一种角度看待老师和自己，既不要把老师看成不食人间烟火、不犯丁点错误的神仙，也不要把自己看作一成不变的“一潭死水”。父母可以和孩子一起寻找老师身上的优点。比如：“如果老师变成了你喜欢的模样，你觉得你会做出哪些改变?”“如果你都按照刚才说的去做了，情况会怎样?”“如果你做了老师，碰到了你自己这样的学生，你的感受、想法和做法呢?”同时，父母还要指导孩子学会区分自己的苦恼和对老师情绪的关系。比如：“你说说，某某老师的什么让你讨厌?”“有没有这样的例外，某某老师上课时，你也有听得进去的时候?”“你自己心情快乐的时候，会讨厌老师吗?”通过不同的提问，让孩子从不同的视角去看待老师，理清自己的情绪，找到自己的应对方式。

3. 帮助孩子树立解决问题的信心。如果孩子确实跟老师之间有些不愉快，父母不妨告诉孩子这是个小挑战，鼓励孩子想办法尝试解决。父母可以对孩子说：“你觉得，做些什么可以让你跟老师之间的相处变得更自在呢?”鼓励孩子作出积极正向的改变。同时，父母也可以适度和老师沟通，共同帮助孩子。父母可以用老师的口吻来传达对孩子的表扬，比如“老师说你最近上课听讲很认真”，促进师生之间的正向沟通。

孩子在学校不服管，怎么办

情景故事

男孩小浩读初中一年级，性格活泼，学习成绩中等，上课积极，有上进心，但是上课爱插嘴，比较浮躁，不能静下来学习。他很热心，也喜欢管闲事。小浩在上课的时候总是喜欢插嘴，有时会重复老师说的口头禅，惹得班级同学哈哈大笑；有时有听不懂的，就会直接说："老师，你这里没有讲清楚的啊！"这样的行为会时不时打断老师上课，老师对此很是头疼。任课的老师建议他举手回答问题，他总是答应得很好，但还是会出现插嘴的情况。一次英语课，老师在报题目让大家听写，老师报一个，他要么跟着说一遍，要么就是脱口而出答案，还会故意说错搞笑，英语老师很生气，让他不要说话了，他笑着捂住了嘴。还有一次数学课，数学老师正在黑板上写解题步骤，他突然站起来，大声说道："老师，头往右边去点，我看不到你写的了。"班级同学听了都大笑起来，数学老师非常生气，课后把他喊到了办公室，说道："你上课能不能守规则，发言能不能举手？"他听后笑嘻嘻地表示以后一定会举手发言。可是，在课堂上他还是会忍不住插嘴。各科老师都很生气，将他的情况反馈给了班主任。他还有爱管闲事的习惯。看到同学间闹矛盾，他就会主动去调解，擅自批评他认为做得不对的同学。这样做引起了被批评同学的不服气，有些同学渐渐疏远了他。于是，班主任多次找他爸爸谈话，告诉爸爸小浩不好管。爸爸也多次和他交流，建议他在校要听老师的，管好自己，不要乱管别人的事情。但是不管怎么说，他好像都没啥变化。爸爸很着急，担心他这样下去，老师同学都会不喜欢他。

故事分析

故事中的小浩做事冲动、爱管事，班主任告诉小浩爸爸小浩不太好管理，引发了小浩爸爸的焦虑。为什么在班主任的眼里小浩难以管理呢？怎样看待班主任找父母这件事呢？

1. 可能与小浩的个性特点有关。小浩是个性格活泼的孩子，个性率直，不拘小节，性格外向，敢于在众人面前表达，还喜欢管闲事，再加上青春期的冲动，导致了他会直接表达自己的想法，还会去擅自处理同伴矛盾。

2. 小浩正值青春期，这个年龄段的孩子，会以自我为中心，有强烈的表现欲，可能是希望以此来引起他人的注意，从而让自己在老师和班级同学中有存在感。

3. 可能与小诺缺乏边界感有关。小浩明明知道上课有问题要举手，但是他想说的时候就会直接说出来；他看到同学间闹矛盾，在没经过同学同意的情况下，擅自去处理。这些表现说明他在人际交往方面缺少边界感。人跟人之间相处时需要分寸和界限，但小浩往往会忽略这些，不分场合、不顾他人的感受和需要。

4. 班主任向父母反映小浩在校的情况，小浩爸爸和小浩交流的时候，建议小浩要听老师的话，不要管别人的事情，可能没有去了解小浩，没有听他好好解释。这可能会让小浩认为爸爸和老师是一伙的，同时也会对班主任有意见，认为班主任就喜欢告状，而不会反思、不愿意改变。当然，也可能是他想要改变但不知道该怎么做。如果是这样，就更需要耐心地了解和理解他了。

家教策略

良好的家校沟通有利于孩子的健康成长，可以促进师生关系的和谐，对孩子的健康成长至关重要。当学校老师找父母说孩子不好管理的时候，父母该怎么办呢？

1. 父母要用积极正向的态度对待老师。老师向父母反映孩子在校情况，是对孩子一些情况的重视。父母在听老师反映孩子情况的时候，要认真听，并把孩子在家的表现与孩子在校的表现放一起看，想想到底问题出在哪里。父母要和老师合作，共同面对孩子的问题，家校共育才能更好地帮助孩子。

2. 父母要保持情绪稳定，学会倾听。父母在听到老师对孩子问题的反映后，不要着急，更不要冲动，而是要先了解孩子的想法和动机。如果孩子是希望被关注，父母可以告诉孩子，每个人都希望表现自己，这很正常。接着可以和孩子讨论可以用哪些合理的方式表现自己，既可以获得关注，也可以获得大家的欣赏，如参加演讲、辩论队等。如果孩子精力较多，一直坐着学习很难受，可以建议孩子多运动，如跑步、打篮球、踢足球等，表现自我。

3. 父母需要帮助孩子形成边界意识。在理解孩子的基础上，试着让孩子看到他的行为对其他人的影响。和孩子讨论如果他是班上同学，他会怎么看待自己的行为和希望自己怎么做。通过这样的提问方式，让孩子思考如何与人相处、在表达自我的同时如何尊重他人等。这样，孩子就能慢慢找到自己的边界、他人的边界，他的人际关系也就能得到改善了。

父母教育观念不一致，怎么办

情景故事

男孩小志读初三，学习成绩中等，学习习惯一般。中考临近，小志每天完成学校作业之后，不愿意额外花时间学习和做课外习题。晚上，要么看电视，要么玩手机。爸妈看到他这样很着急，他们希望小志能考上高中，未来能上大学。在他们和小志的沟通中，小志表达了想要上高中的想法，但就是没行动。爸爸觉得要好好管管小志，每天要求他做一些额外的练习题，小志表面上答应，但并未真正去做试题。爸爸回家就会训斥小志，小志不服气，就和爸爸争吵了起来。妈妈看到了，就过去劝架，对爸爸说："孩子大了，学习应该是他自己的事情，不要管太多。"爸爸听了更加生气，又和妈妈吵了起来。爸爸指责妈妈不负责任，纵容小志。妈妈很委屈，觉得小志大了，这样管教只会适得其反，但是不知道怎样和爸爸沟通才能观念一致。

故事分析

故事中小志的爸妈对小志都有着美好的教育期待，都希望小志能考上高中，未来能考上大学。但是，在教育小志的观念上出现了不一致。具体表现在以下方面：

1. 教育方法不一致。爸爸对读初三的小志要求很严，对小志只有读高中的想法而没有努力的行动很不满意，于是采取了严加管教的方式，每天要求小志做一些额外习题，希望通过这样的方式提高小志的学习成绩。妈妈对小志的要求相对宽松，并且认为“学习是孩子自己的事情”，认为父母不要管太多。爸爸认为管孩子是负责任的表现，妈妈认为管得太紧会适得其反。他们对小志的教育期待是一致的，但是教育观念则完全不同：一个主张严加管教的方式，一个主张轻松自由的方式。各自按照各自的观念去对待孩子，彼此缺乏沟通，导致在教育孩子不一致时，因彼此意见不合而互相埋怨。

2. 教育步调不一致。在教育孩子问题上，如果父母的步调不一致，会让孩子不适应，不知道如何应变，甚至孩子还会钻空子，不听任何人的。小志表面上答应爸爸会做额外习题，但实际上并未付诸行动，爸爸对此非常恼火，训斥小志也合情合理。这个时候，妈妈应和爸爸保持步调一致，暂时在一旁观察，让父子之间用他们的方式沟通，只有爸爸出现暴力行为，才要立即干预。妈妈可以在事后与小志沟通，表达理解，同时促进父子相互理解，促进小志反省自己的学习态度和行为。但妈妈没有这样做，而是劝爸爸不要管得太紧，无疑助长了小志不愿做额外习题的想法。

3. 父母之间缺乏有效沟通。在对待小志的学习上，父母的要求不可能完全同步，有时候为了孩子，也会出现激烈的争吵，这都很正常。但父母之间要常常沟通，这样彼此才能知道对方这么做的良苦用心，彼此理解与支持，共同解决育儿中的问题。

家教策略

父母对孩子的教育观念不一致本身没有问题，但因为不一致，父母之间经常争吵，长此以往对孩子也有不利影响。那么，父母教育孩子的观念出现了不一致，该怎么办呢？

1. 面对孩子，父母要保持一致性表达（教育意见要统一）。首先父母要接纳彼此的教育观念。父母是两个独立的有思想的个体，在对待孩子的教育问题上出现不一致是常态。父母要接纳和尊重彼此的教育观念，不要试图一方控制另一方，在大方向和原则性的方面要达成共识，对孩子进行一致性表达。其次，父母不要当着孩子面讲不同的话。如果有不同意见，两个人可以坐下来好好商量，但最后面对孩子的时候，依旧要保持一致性表达。父母对孩子的一致性表达，意味着父母是站在同一个教育立场，这样孩子就会很明确地知道自己该怎么去学习。

2. 父母意见不一致时，不要相互指责，沟通须要避开孩子。在教育孩子出现分歧时，最不可取的做法就是当着孩子的面互相指责，双方各执己见，互不妥协。当着孩子面相互指责，不仅让父母的威信下降，影响对孩子教育的效果，还会让孩子处于冲突的家庭氛围中，不利于孩子的成长。因而，父母之间彼此尊重，向孩子表达自己的态度和界限，是教育好孩子的前提。就算教育观念有冲突，也不要在孩子面前“死磕”，让已经着手处理的一方先处理，然后再单独进行商讨，比如下次再遇到这样的情况怎么处理会更好些。家不是讲道理的地方，而是大家好好商量的地方，要讲一些孩子听得懂的话、听得进去的话、听了以后能去做的话。

3. 父母对孩子的教育期待要切实可行。父母对孩子的教育观念的不一致，有时候与教育期待的不一致有关。因而，需要父母从孩子的学情考量，针对孩子学习的最近发展区，树立孩子够得着的教育期待，从而再根据孩子的现实情况，制定适合孩子的教育模式，这样更有利于孩子的成长。故事中的小志爸爸对小志要求很严，源于对小志的期待很高，这对成绩一般、平时不做课外题的小志而言，有一定难度，所以会出现表面答应而无法实行的情况。如果小志爸爸的期待符合小志现实的学习情况，小志也许对爸爸布置的额外学习作业不那么排斥，可能会更愿意去做。

爷爷奶奶太宠爱孩子，怎么办

情景故事

女孩小佳读小学三年级，白白胖胖很可爱，但学习不太自觉，总是要人在后面催促，才会去完成作业，学习效果也不佳。从小爷爷奶奶就和她生活在一起，平时她的衣食住行都由爷爷奶奶照顾。小佳在家属于“衣来伸手，饭来张口”的孩子，要做什么事的时候，爷爷奶奶会主动去帮忙。一个周末的晚上，妈妈安排小佳去洗碗，小佳磨磨蹭蹭的。奶奶见状，赶紧对小佳说：“我去洗碗。”饭后，小佳进房间写作业，奶奶不仅陪在旁边，还准备好水果喂她。妈妈见此情景，等奶奶回到自己房间时，就走过去对奶奶说：“孩子大了，可以让她自己做些力所能及的事，不要替她做那么多。”奶奶满口应允，但是未有任何改变。妈妈觉得老人太宠爱小佳了，这样下去对小佳的成长不利，想要搬出去独立养育小佳，也将这个想法告诉了小佳爸爸，爸爸同意妈妈的建议。但因为他们工作忙碌的缘故，无法实现。为此，妈妈很苦恼，不知道该怎么办。

故事分析

故事中的小佳妈妈遇到了一件很苦恼的事情，爷爷奶奶和她们生活在一起，对小佳太过宠爱，可能会影响小佳的成长。那么，怎样看待小佳妈妈的苦恼呢？

1. 小佳妈妈的苦恼中有对小佳的担心。小佳已经上三年级了，学习还不是太自觉，学习效果不佳；生活上对爷爷奶奶过分依赖，缺少独立性，也不愿意主动去承担力所能及的事情。这些都让小佳妈妈很着急，担心再这样下去，不能很好地锻炼小佳的独立生活能力，也不利于小佳的健康发展，更不利于小佳学习成绩的提升。

2. 小佳妈妈的苦恼中有对小佳爷爷奶奶的不满。小佳爷爷奶奶和她们住在一起，对小佳细致入微地照顾，到了过于宠爱的程度，让小佳养成了“饭来张口，衣来伸手”的坏习惯而不自知。面对小佳妈妈的建议，爷爷奶奶会口头上答应，但行动上并不改变。小佳爷爷奶奶的教育方式和小佳妈妈不一致，让小佳妈妈很苦恼。

3. 小佳妈妈的苦恼中有对自己无力改变现状的焦虑。小佳妈妈对小佳爸爸提出过要搬出去单独过，认为搬出去单独过，爷爷奶奶就没法过分宠爱小佳，小佳的生活习惯就会有所改变。但因为工作太忙碌，如果搬出去单独过，根本无暇照顾小佳的生活起居，还是要爷爷奶奶帮忙，所以小佳妈妈对自己无力改变现状产生了焦虑情绪。

家教策略

父母工作忙碌需要老人照顾孩子，只能选择和老人住在一起，在现实生活中这样的情况不在少数。那么，父母发现老人对孩子太宠爱了，该怎么办呢？

1. 及时与老人沟通交流。父母在发现老人宠爱纵容孩子的时候，首先要理解老人对孩子的疼爱之情，但一定要避免当着孩子的面产生直接的对立和争吵。因为这样做非但不能解决问题、改变现状，还会让孩子感觉有空子可钻，更加不尊重长辈。父母与老人因为意见不一致而争论的时候，千万不要把孩子卷进去，而是要细心、耐心地跟老人商量、沟通，跟老人讲明溺爱孩子的危害，讨论如何用更好的办法帮助孩子成长。父辈与祖辈之间要加强沟通，对“如何理性地爱孩子”形成共识。在祖辈和父辈共同养育孩子的家庭中，父辈切不可一味地指责祖辈，祖辈也要时刻注意不要充当父辈教育孩子的“绊脚石”。尤其是在父母对孩子严格要求时，祖辈不要因为心疼孩子就处处袒护他们，与父母唱反调。

2. 主动承担养育责任。除了要耐心地跟老人进行沟通，父母还要主动承担养育孩子的责任，不能当甩手掌柜。父母要亲自参与到养育孩子的过程中来，只有这样才能及时发现孩子存在的问题，并尽快采取积极的措施加以调整。当然，父母不能把孩子的所有问题都归因于长辈的溺爱，必须客观分析每一个问题。同时，老人有自己的生活观念和习惯，不能强求老人按父母的方式带孩子。父母永远是孩子的第一任老师、第一监护人，不能用任何借口推脱对孩子的养育责任。在孩子出生后，父母就要主动承担起养育的责任。只有这样老人才会知道父母才是孩子的监护人，父母有教育孩子、批评孩子的权利。老人可以一起对孩子进行抚养、照顾，但是不可以在父母批评孩子的时候袒护孩子。如果孩子犯了错，父母有责任让孩子正视自己的错误，并改正错误。

3. 鼓励老人用更多的时间参与社会活动和公益活动，如参加运动、外出旅游等。老人只需要花一些时间陪伴孩子，让老人在协助照顾孩子的同时也能安享幸福晚年，让孩子们在不同的爱中茁壮成长。

4. 要让孩子感受到爱不是无底线的、自私的。孩子的成长是需要爱的，但是爱是有理性、有底线、有边界的，不是无原则、无底线、无条件的宠爱和溺爱。无原则、无底线、无条件的爱容易导致孩子把爱视为理所当然，视为只有自己独自享受的"专利"，孩子会以自我为中心，进而影响其人际交往。所以，一方面父母和祖辈要防止对孩子的宠爱溺爱，另一方面还要让孩子学会分享爱。

5. 营造和睦的家庭氛围，建立良好的成员关系。"家和"是基础。溺爱也是因爱而起。老人爱孩子是天经地义的事情，从另一个侧面说明了老人也需要爱，只不过老人的这份需求转化成了一种对晚辈的爱而已。不要忽略了对老人的照顾，当老人的需求被满足后，许多事情就自然而然地化解了。搞好关系，平日里多交流、勤沟通，如果能够形成教育的统一战线就更好了。夫妻之间在教育孩子上都存有很大不同，更何况隔代教育呢？只要正确面对，隔代教育同样会起到积极正向的作用。

情绪篇

情绪，是人对客观事物的态度体验以及相应的行为反应，是一种对客观事物的主观体验。虽然情绪被认为是一种内部的主观体验，但在情绪发生时，也伴随着外部的一些身体变化，例如面部表情和身体姿态的变化。儿童和青少年需要在父母的引导下，学会体验情绪、认识情绪，并恰当地表达情绪，正确应对自己的负面情绪，学会自我控制。这些都对人际交往和自我发展有很大的帮助。

关于“情绪”，我们需要处理的问题可以分为情绪的认知和情绪的表达两个方面。

在情绪的认识中，孩子需要学会正确地认识和识别情绪，认识情绪的多样性和复杂性，通过表情和动作识别情绪，判断和了解情绪，判断在什么场合会出现什么样的情绪，了解人基本的情绪和复杂的情绪。

在情绪的表达中，孩子需要学会用合适的方式表达情绪。古希腊哲学家亚里士多德曾说过：“人是社会性的动物。”人生活于社会中，而非真空环境里。因此情绪表达就必须遵守社会规范，以不伤害别人、不伤害自己等为准则。如果孩子以不恰当的方式表达负面情绪，却又因为不符合社会规范遭受责备或体罚，产生更多新的负面情绪，恶化自己的情绪状态，从而形成恶性循环。因此，学习合理的情绪表达方式，对儿童和青少年的成长与发展有很大益处。

在成长的过程中，如果孩子有了某些负面的情绪，就会很自然地以排斥和攻击的方式进行表达，表现出情绪且变得敏感。倘若父母和老师无法认识到情绪和情绪表达是两种现象，就会造成在批判孩子的情绪表达方式时，连带着也批评孩子不应该拥有某些负面情绪，如生气、悲伤、失望等。或者直接以自己的负面情绪影响孩子，孩子就会错误地认为人不应该有负面情绪，进而不接纳自己。于是，一旦出现负面情绪，孩子就会否定自己，压抑自己的负面情绪。表面上看起来孩子似乎已经没了情绪，但是孩子的情绪没有得到重视和表达，如果出现了意外情况，他们就会采用极端的方式排解情绪，轻如说谎、重如抑郁等，从而造成严重后果。

作为父母，需要读懂孩子的情绪，并且教导孩子读懂他人的情绪。因为一个人的情绪状态可以影响到对某一个人今后的评价。父母应该循序渐进，让孩子首先有一个意识，出现任何一种情绪都是非常正常的，是可以被接纳的，无论是积极的情绪，如快乐、兴奋、骄傲，还是消极的情绪，如悲伤、生气、自卑等。接着，父母可以让孩子了解到，不同的情绪有不同的表达方法，比如通过表情、动作表达情绪，通过微笑来表达自己的快乐，通过流泪和向朋友诉苦来表现自己的悲伤。再接着，父母可以让孩子开动脑筋，想想自己为何会有积极或消极的情绪。因某件事而烦躁的时候，可以对事情进行重新评估，从另一个角度看问题，从而调节自己的情绪。若孩子能够较好地认识自己的情绪，父母还可以引导孩子进行最基本的共情，让孩子学会体察周围其他人的情绪。一方面让孩子不会因为自己表达情绪而影响到他人，另一方面让孩子更深刻地理解什么是情绪。

在情绪篇中，我们会向父母介绍孩子可能出现的各种情绪和情绪表达的情况。例如，孩子可能会哭闹、害怕、自卑、暴躁，缺乏与人沟通的想法，甚至产生严重的抑郁、焦虑情绪等。如果孩子出现了以上情绪，父母要懂得与孩子进行正确的沟通，了解孩子产生这种情绪的原因，并且引导孩子认识与调解自己的情绪。

孩子情绪化，该怎么办

情景故事

女生小丽就读小学三年级，是个性格内向的女孩。因为爸爸妈妈工作忙，小丽出生没多久，就跟着爷爷奶奶在老家生活，幼儿园也是在老家读的。爷爷奶奶对她照料得特别好，从小就很健康。上小学时，她回到了爸妈身边。爸爸妈妈发现她容易有情绪，读一、二年级的时候，遇到一点不开心事情，要么哭，要么生闷气。爸爸妈妈安慰好像没什么用，等过一段时间她就好了。到了三年级，变化较大，遇到不顺心的事情，她不只是哭，还会哭个不停。爸妈要费老大的劲去哄，她才会慢慢平静。有一天，她放学回家，一进门不和妈妈打招呼，就直接走进房间，把门一关。妈妈当时在做饭，就没管她。等饭做好后喊她，她就出来吃饭了，也没和妈妈说什么。第二天，放学回家，她把书包重重地扔在地上，一脸气呼呼的。妈妈见状，赶紧走上前去问："发生什么事了吗？"她听后，用脚在书包上使劲地踩了一下，嘴里大喊道："她太讨厌了，我不想和她同桌了！"妈妈批评她："你不会好好说话吗？扔书包干什么？"小丽听了，哭得更大声了。妈妈似乎意识到自己刚才态度不对，于是就耐心地询问她："怎么了？告诉妈妈，好吗？"小丽听到妈妈这么说，一边哭一边说着白天在校发生的不愉快的事情：下课期间，她去打水，不小心碰倒了同桌的水杯。平时她们俩关系还挺好，但不知道那天同桌怎么就生气了，对着小丽说："你没长眼睛啊！"她听到了就很不舒服。通过和妈妈交流，她的情绪稳定下来了。可是，没过几天，她回家又发脾气了。妈妈了解到，这次是被老师批评了。妈妈再次和她沟通了一会儿，她才稳定下来。妈妈很头疼，小丽为何这么容易有情绪？该怎么办呢？

故事分析

孩子的情绪犹如夏天梅雨季的天气，常常处于阴晴不定的状态中。为了稳定孩子的情绪，需要父母很好地识别孩子的情绪并进行指导。因此，了解孩子的情绪状态及原因，是父母首先需要做的。故事中的小丽情绪状态是怎样的呢？妈妈对她的情绪状态有没有很好地识别出来呢？

1. 小丽的情绪常常处于不稳定状态中，可能的原因有：一是成长环境的变化，容易导致孩子安全感缺乏，出现焦虑烦躁等情绪。小丽幼儿园时期一直和爷爷奶奶待在一起，和爸妈接触少。上小学才回到爸妈身边，和爸妈之间的情感联结不太好，不像和爷爷奶奶一样亲密。这样的状态，再加上环境的改变，会带给她不安全感。二是与同伴交往有冲突时，她往往会以自我为中心，不太能理解同学的情绪变化，也不会主动去化解冲突，而是将负面情绪压抑在心，回家爆发出来，等待爸爸妈妈帮她处理。

2. 妈妈对小丽的情绪状态缺乏观察，有时不能及时看到她情绪的变化。小丽情绪不好，回到家里，妈妈忙于做家务，忽略了对小丽情绪的观察，也没能及时和她交流。只有小丽大发脾气，用扔书包、大哭等方式表达时，妈妈才会被吸引过来。如果妈妈能及时观察到，放下手边的事情，积极回应她的哭诉，也许小丽就不会那么激动了。

3. 妈妈对小丽的情绪表达是不太能接受的，所以很容易关注到小丽扔书包的行为，进而批评她的行为不当，而没有关注到小丽的情绪及需要。

家教策略

在孩子的成长过程中，父母如能及时识别孩子的情绪，安抚孩子，帮助孩子面对和处理情绪，有利于孩子拥有更好的学习和生活状态。那么，父母怎样才能很好地识别孩子的情绪呢？

1. 拥有敏锐的觉察力，接纳孩子的情绪，不盲目批评孩子。父母如果拥有敏锐的觉察力，可以及时察觉孩子的情绪状态。当孩子情绪不稳定的时候，父母首先要做的就是接纳孩子的情绪，而不是盲目训斥孩子。盲目训斥孩子容易导致孩子封闭心门，只有接纳孩子的情绪状态，孩子在面对父母的时候才会宣泄自己的情绪。

2. 给予孩子稳定的教养环境，给孩子足够的安全感。故事中的小丽情绪状态极不稳定与她的成长环境有关。她从小一直和爷爷奶奶住在一起，到上小学时才回到爸妈身边，与爸妈的情感纽带不够紧密，对学习环境可能也没完全适应，这些都容易导致她情绪不稳定。因而，父母需要先和孩子建立紧密的情感联结，给予孩子稳定的教养环境，让孩子有足够的安全感。

3. 指导孩子合理表达情绪。父母可以教给孩子一些合理表达情绪的方式，比如指导孩子写情绪日记。孩子写情绪日记的过程，也是整理每天情绪的过程，可以培养孩子对情绪的辨识力。这也是宣泄情绪的一种方式。假设孩子这样写：今天在学校，老师检查我们背诵昨天学习的古诗。我有个地方背错了，老师当着全班同学的面批评了我。大家都看着我，还有同学在下面偷偷地笑。我觉得很丢脸，也很难过，想找个地方把自己藏起来。父母也可以主动地和孩子分享自己的情绪日记。通过这样的示范和引导，孩子也许会主动地和父母分享自己的情绪日记。这样父母就可以自然地走进孩子的情绪世界，也能更好地发现孩子的情绪问题，引导孩子识别和表达自己的情绪。

孩子不敢独立睡觉，怎么办

情景故事

男生小俊就要上小学二年级了，活泼机灵，但就是不敢一个人睡觉，这让他的妈妈很焦虑。从小他就和爸爸妈妈睡在一个房间，他睡自己的小床，但睡觉的时候一定要开着灯才能睡着。到了幼儿园中班，爸爸妈妈和他商量，晚上是不是可以在自己房间一个人睡觉，他不同意。爸爸妈妈又提议说他们可以陪着他睡觉，等他睡着了，他们再回自己的房间，他还是不同意。妈妈为了让他一个人睡觉，尝试了很多方法。买好多小俊喜欢的玩具放在他房间，试图引起他的兴趣，可是效果不大。一到晚上睡觉时间，小俊就跑到爸爸妈妈房间，死活不肯去自己的房间睡觉。妈妈等他睡着后，让爸爸把他抱到自己房间。可是睡到半夜，爸爸妈妈就听到小俊大哭不止，并跑到爸爸妈妈房间，要妈妈看着，他才肯睡觉。还有的时候，爸爸刚把小俊放到他房间的床上，小俊就睁开眼睛，一骨碌地跑回爸爸妈妈房间，甚至会睡到大床的中间，怎么说都不去小床上。上了二年级，有一天，小俊突然提出要自己睡觉，爸爸妈妈感到很诧异，也很开心。他们陪着小俊做了他喜欢的事情，开着灯陪着小俊入睡，等他睡得很沉了才离开。但是第二天早晨，爸爸妈妈一觉醒来，还来不及开心，发觉小俊又在他们房间的小床上，不知道晚上什么时候来的。一想到小俊这么大还没法独自睡觉，妈妈很是心烦，不知如何是好。

故事分析

故事中的小俊已经上二年级了，还是不敢一个人睡觉。为什么会出现这种情况呢?

1. 父母对于二年级的小俊不能分床睡感到很焦虑。在他们接收到的信息中，孩子应该在幼儿园时期就完成分房睡了，但是小俊反复尝试都失败了，现在到二年级，还没有完成分房睡觉。这让父母感到焦虑，对自己的育儿产生怀疑，进而在分房睡觉的事情上用力过猛，尝试过多，从而会让小俊对分房睡觉这件事情感到焦虑。

2. 父母对于孩子暂时不能独自分房睡觉的接纳度不高。当父母想要去完成让小俊分房睡觉的任务的时候，只是对他提出要分房睡这个要求，而没有事先和小俊交流分房睡他会担心发生什么，没有和他讨论担心的事情可以怎么处理，以及如果真的很害怕，他可以怎么向父母寻求帮助，父母可以做什么来帮助他等。这些都是对小俊分房睡觉的预案。预案准备得越充分，小俊尝试的可能性也就越高。同时，父母也要做好心理准备，即使准备得再充分，也会出现分房失败的可能。

3. 小俊可能过分依赖父母。父母对小俊比较有耐心，他们的亲子关系比较好，导致了小俊会不愿意离开父母单独睡觉，从而造成了小俊独自睡觉成了一件很困难的事情。

家教策略

孩子不愿意一个人单独睡觉，父母在孩子分房睡的时候一定要多多鼓励他们，让孩子随时感受到父母的爱，也让孩子知道分房睡觉是成长必须要经历的一个重要过程。具体做法如下：

1. 与孩子沟通，了解不敢一个人睡觉的原因。与孩子交流，看看孩子不敢自己睡觉是因为怕黑还是怕做噩梦，还是有其他的一些原因。只有了解了原因，才能顺利地完成分房睡觉。平日里，父母要多和孩子进行沟通，让孩子感受到父母带给他们的温暖。这样孩子在睡觉的时候才不会担心那么多，才敢一个人睡觉。接纳孩子害怕的情绪，耐心地引导孩子说出不敢自己睡觉的原因，做好孩子的心理建设。父母还可以和孩子聊一些轻松愉悦的话题，循序渐进地帮助孩子克服害怕的心理。如果孩子初期反应比较强烈，可以先从分床睡开始，慢慢进阶到分房睡，切记不要吓唬孩子。

2. 父母和孩子一起打造孩子喜欢的房间。父母可以陪孩子去买孩子喜欢的玩具，让孩子做主装饰自己的房间、调整家具摆放的位置等。孩子能感受到自己是被尊重的，内心就会有一种想要住自己喜欢的房间的喜悦感和期待感。同时，尽量鼓励孩子在自己的房间玩耍、写作业，让他熟悉自己的房间。

3. 循序渐进，允许个别日子与父母同睡。刚刚分房的时候可以在孩子睡着以后再离开，让孩子试着一个人睡觉。年龄比较小的孩子可以先从开灯睡觉过渡到熄灯睡觉，或者等孩子彻底睡熟后再把灯熄了。如果孩子确实一直不敢睡，那么父母可以隔几天让孩子和自己睡一天。到了分房睡的时候，父母可以陪孩子聊天，用陪伴和鼓励的方式让孩子试着一个人睡觉。如果这样的方法奏效，父母就可以利用空闲时间多陪伴孩子，多和孩子沟通交流，比如亲子游戏、亲子出游，给予孩子充分的爱和关怀，营造温馨有爱的家庭氛围，让孩子建立起充足的安全感。这样孩子便不会害怕分房睡觉了。

4. 父母在睡前适度陪伴孩子。对于特别依赖父母的孩子，父母可以给予孩子一定的睡前仪式。比如，给孩子讲睡前故事，和孩子共读书籍，告诉孩子“好好睡觉，妈妈会陪着你直到你睡着。如果有任何事情，你叫我，我就会马上出现在你的面前”，给予孩子足够的鼓励和勇气。给孩子讲睡前故事，注意不要恐吓孩子，杜绝恐怖故事。在孩子睡觉的时候陪着孩子，给孩子讲故事，等孩子睡着了之后父母再离开，这样孩子就会渐渐地适应了。

5. 当孩子主动提出要分房睡觉的时候，意味着孩子已经有了分房睡觉的意识和准备。父母应该感到高兴。哪怕分房睡觉失败了，也要肯定孩子主动提出分房睡觉的想法，可以鼓励孩子继续尝试分房睡觉。

孩子太黏人，怎么办

情景故事

男生小烨上小学二年级，长得白净秀气，从小就喜欢黏着妈妈。在家的时候，需要妈妈陪着写作业；可以自己玩，但玩的时候会时不时喊一声妈妈，只要妈妈答应了，他就会继续玩他的；有时他也拿着书坐到妈妈旁边看。过年走访亲友，是他最害怕的时候。遇到不认识的亲戚，他就一直紧紧贴着妈妈，不肯抬头见人。比他稍大一些的其他孩子，纷纷拿着好多玩具想跟他一起玩，没想到他却躲得更厉害了。其中就有孩子问自己的父母："弟弟是不是讨厌我啊？是不是不喜欢和我玩啊？"小烨的爸妈听了很是尴尬，连忙说"不是"。但也忍不住叹息，说孩子在家也是经常黏在身边。带到外面的公园玩，有时看着他很想去，但问他要不要去和小伙伴玩时，他会很纠结，说希望妈妈陪自己一起去。妈妈如果说就在原地等他，他就不肯去。妈妈觉得小烨已经长大了，这么黏着自己，好像不太好。但是怎么样才能让他不这么黏人呢？

故事分析

故事中小烨的情况其实并不在少数。当一些孩子，特别是幼儿，进入新环境中，或者遇到不太熟悉的人时，会表现得"不大方""胆小黏人"，甚至完全抗拒与外人接触。这些表现让父母非常苦恼。而在一些特定的社交场合中，父母还要承受来自周围人的质疑、猜测，这更容易让父母感到无力和不知所措。

1. 父母的自我怀疑。父母（特别是母亲）会将问题的矛头指向自己，反复思考："孩子这样，是不是我哪里出现了问题？"其实，父母首先要知道的是每个孩子先天都带有一套本能的依恋系统，其主要功能就是想尽一切办法让自己身边有人陪伴。这个功能被称为"寻求亲近"。美国著名儿童心理专家斯坦利·格林斯潘的研究发现，3 岁左右的孩子，几乎每隔 15 分钟就会找一次亲密看护人。这是包括人类在内的所有哺乳动物的本能：和妈妈分离达到一定时间和空间的边界后，就需要重新回到妈妈身边，汲取安全感，补充能量。而更小的孩子对"和爸爸妈妈在一起"的需求会更强烈，尤其是在不熟悉的环境和人面前，孩子很可能会无时无刻地"黏"住妈妈以获得安全感。

2. 寻求安全的本能。当面对陌生环境和不熟悉的人时，孩子会本能地找一个让自己最放松、最信任、最能依靠的人作为“坚强的后盾”。这个人的首选，多数时候会是妈妈。孩子会特别黏某个人（通常是妈妈），而不愿意与其他人接触。当被迫要分离时，孩子就会表现出种种不安的情绪和行为，拒绝分离。

家教策略

在一些必要的社交场合里，比如走访亲友或在公共场合中，孩子分离焦虑较为严重，表现得过度黏人时，父母可以做些什么呢？

1. 忍住他人目光，遵循孩子的节奏。父母不能因为他人的目光或评价而把孩子“强行”向外推，这只会适得其反。孩子会因担心分离而表现得更加焦虑和恐惧。父母应让孩子知道觉得不安了是可以先“靠”着父母的，接着父母可以陪孩子去熟悉环境，再鼓励孩子去玩一玩，用孩子的节奏向外走。

2. 避免说教。父母不能对着孩子“说教”一顿，孩子并不能理解成人口中的“礼貌”“礼仪”“社交”等抽象的词汇，他们只会在当下的情境与产生的负面情绪之间建立起联系。父母可以温柔地抱起孩子，用温和的语言和关切的表情、动作让孩子平静下来，或者将孩子带离现场，找一个稍微安静、私人一些的空间和孩子在一起，让孩子的情绪先稳定下来。虽然当下父母已经安抚好了孩子的情绪，但是并不代表这个问题就不复存在了，父母对孩子在未来可能还会出现类似情况要有心理准备。

3. 回应孩子的需求和期待。很多父母都存在这样一个认知误区，即认为孩子黏人是安全感不足。其实“不黏人”和安全感并不是完全等价的。安全感是孩子成长过程中最基本的需求，孩子各项能力的发展都是建立在足够的安全感的基础上的。对孩子而言，“安全”的意义在于是否能得到父母及时的支持和帮助。因此每个孩子都具备一个本能，即需要经常确认父母是否能提供帮助。如果他发现得不到足够的帮助，他可能就会觉得不安全。所以，我们可以将“黏人”看成是建立安全感的一个良机，或者说，是孩子表达需求并期待得到回应的一种表现。

比如，婴儿时期的孩子不会说话，但他们会用啼哭呼唤父母，表达需求。如果能得到父母及时的回应，孩子就会觉得安心，感到安全，不再啼哭。当孩子长大些，表达能力变得更丰富了，但在向父母寻求安慰和支持这件事上依然有所需求，比如会黏着爸爸妈妈不放或者不愿离开去见陌生人等。当我们真正理解孩子的需求时，便不会再指责孩子“你真胆小”“没有一个孩子像你这样”，而是蹲下来，安抚他，告诉他“我们在，会在你身边陪着你”。

当然，稳固的安全感并不意味着只要在孩子表现出“黏人”时父母及时给予回应和安慰，更多的是要在日常与孩子的互动中不断让孩子获得“我的身边会有爸爸妈妈”的感觉。但有时父母给予的支持和孩子感受到的支持之间会存在一个“落差”。比如，当孩子对探索陌生世界产生了兴趣，想要和其他小朋友一起玩时，就会给妈妈一些眼神或者语言信息的传达，往往这时父母的不同回应就会对孩子的安全感建立产生不同的效果。如果父母越过孩子直接帮孩子开口，就会让孩子错误地认为“我遇到任何问题，爸爸妈妈都能替我解决，我什么都不需要做”，进而过分依赖于成人而丧失独立性；如果父母推着孩子，让他自己去找别人开口，或者指责他“胆小、不大方”，则会让孩子更加害怕和紧张，产生一种“我遇到任何问题，都没人能帮助我，我做什么都没用”的想法，进而更加抗拒与他人接触；如果父母是拉着孩子一起去，并适时鼓励孩子或者引导孩子开口说话，不断让孩子了解“无论我遇到什么事情，都有爸爸妈妈在背后支持我，我是安全的”，孩子就可以放开手脚，主动找人玩耍。总之，面对过度“黏人”的孩子，父母想给孩子帮忙，不一定是做具体的某件事情，或者给孩子带来某个具体的好处，而是让孩子真切地感受到，他是被喜爱、被关注、被支持的，他是能够在父母的注视下安全地探索周围环境的。这对孩子来说就是最可靠、最温暖的支持。

孩子咬指甲，该怎么办

情景故事

女孩小艳上小学一年级，就读于一所私立学校，家里经济条件较好，个性偏内向，学习能力和成绩都不错，和同学关系一般。小艳的父母平时工作比较忙，没有时间管孩子，因此对孩子的关心较少，平时由小艳的外婆照顾较多。在小艳上幼儿园时，妈妈生了妹妹，小艳经常会觉得爸爸妈妈只爱妹妹，不喜欢自己。爸爸面对小艳错误的行为时，也会用打骂的方式教育小艳。在小艳和妹妹发生矛盾时，家人也会教育小艳，说她是大孩子，要让着妹妹。小艳咬指甲的行为持续好几年了，妈妈也尝试了一些方法，比如手指上涂一些辣椒、看到孩子咬指甲就提醒孩子不可以咬、打孩子的手等。后来实在是没办法，妈妈还带小艳去医院做各种检查。检查的结果是没有任何问题，但是咬指甲的习惯就一直改变不了。有一次，妈妈悄悄地问小艳："你最早是什么时候开始咬指甲的？"她想了想，说："是从妹妹出生后开始的。"现在小艳的手一伸出来，就能看到她所有的指甲顶部都被啃得凹凸不平，严重的时候手指还会被咬得破皮流血。妈妈看到小艳的手就心疼，但怎么才能让她改掉咬指甲的习惯呢？这让妈妈非常头疼。

故事分析

故事中的小艳从妹妹出生开始咬指甲，导致她咬指甲的原因会有哪些呢？

1. 妹妹的出生，让本来就缺少父母关爱的小艳更加缺少来自家人的关注。妈妈无暇关心爱护小艳。家庭成员的增加，让原来的家庭关系发生了很大的变化。小艳在面对这些变化时没有人理解和安抚，她又比较小，很容易产生不安和焦虑的感觉。

2. 父母对孩子咬指甲行为的提醒、打骂，只会加重孩子焦虑不安的心理，这种焦虑会使咬指甲的频率增加。同时，父母的过度反应也让孩子无意识地觉得只有自己咬指甲的时候父母才会关注到自己，再次强化了咬指甲的行为。

3. 在小艳和妹妹有矛盾的时候，父母都让小艳让着妹妹，这也让小艳内心产生不满，更加感受不到父母对自己的爱，从而加深了小艳觉得父母只爱妹妹的想法。小艳就很难有想要改变的积极性，更不会有主动想要改掉咬指甲的行为。

4. 在医院检查不出任何问题的情况下，咬指甲这种行为其实也是一种躯体化表达。小艳的年龄较小，无法用合适的语言来表达自己当下的感受和情绪，只能借由躯体表现表达自己心理上的需求。孩子在用身体来表达想对父母说的话，但父母只看到了问题行为，而没能反思养育的方式，更不用提对小艳内在的关注和满足了。

5. 咬指甲咬到出血，也是伤害自己的一种行为。父母对孩子的行为不满意，孩子也内化了这种不满，用咬指甲的方式来“攻击”自己、认同父母。

6. 父母在面对孩子咬指甲行为时产生的情绪，也会影响孩子的情绪。

7. 咬指甲是孩子将手指塞到嘴里面。作为人类来说，吮吸是出生就有的本能，通过吮吸孩子会感受到安全。因此，当孩子觉得外界的环境不安全，自己焦虑不安时，咬指甲如同婴儿的吮吸一般，会让小艳寻得安全感。起初可能只是偶然发生，后来孩子发现通过这种方式能够减少自己的焦虑感。所以当类似焦虑再出现时，小艳很容易就用这样的方式来自我安抚，慢慢地变成习惯，形成依赖，一直持续。

家教策略

1. 父母要了解到孩子咬指甲的行为不仅仅是大人眼里的不好的行为，

而是孩子通过这样的行为在表达自己的情绪。当看到孩子行为背后的原因时，父母试着去理解孩子，那孩子的压力就会相对缓解，慢慢地也就不需要通过咬指甲这样的方式来表达自己的情绪了。

2. 父母要意识到，孩子这种咬指甲的行为，其实也是为了能引起父母的关注。此时父母可以通过行为主义的强化和消退原理，在孩子不咬指甲时加以关注，肯定孩子不咬指甲的正面行为，某种程度上忽略孩子咬指甲的行为。这样也可以让孩子意识到，自己不需要通过咬指甲来引起父母的关注，从而降低咬指甲的频率。同时，父母也要尝试腾出一些时间来陪伴孩子，注重陪伴的质量，而非陪伴时间的长短，让孩子感受到来自父母的关注。

3. 父母可以换一种对待孩子的方式，取代简单的打骂，尝试不断"澄清"和"看见"孩子的情绪。父母可以试着告诉孩子："宝贝，爸爸/妈妈看到了你在咬指甲，爸爸/妈妈有点担心你，你是感到不开心/害怕/紧张吗？""是什么事情让你感受到不开心/害怕/紧张呢？""爸爸/妈妈听见你刚刚说……让你感觉到不开心/害怕/紧张，那爸爸/妈妈可以为你做些什么吗？"以这些关心式的提问了解孩子，也帮助孩子了解自己内在的感受，并学着用言语化的方式表达出来。

4. 当孩子出现咬指甲的行为时，父母首先要觉察自己的情绪，同时调整自己的情绪，让自己稳定后再和孩子沟通。从共情孩子的角度出发，减少对孩子的二次伤害。

5. 面对孩子咬指甲的行为，父母要教会孩子表达情绪的其他方式。例如，父母可以告诉孩子："当你不高兴时，你可以告诉爸爸妈妈，你也可以把自己的情绪画下来，你还可以……"平时可以带孩子读一些关于情绪表达的绘本或书籍，看看别人是如何处理情绪的。

孩子的宠物去世了，怎么办

情景故事

女生小慧上初中一年级，性格温和，很有礼貌，学习成绩不错。小慧特别喜爱小动物，一直以来都很想要养一个小动物。三年前，她十岁生日的时候，爸爸妈妈买了一只可爱的泰迪狗，作为礼物送给了她，她非常高兴。小慧很喜欢这只小狗，对它照料有加。每天早上，她一起床就找小狗玩，小狗也会热情地围着她打转。每天放学回家，一放下书包她就抱着小狗，去给它添加食物，换干净的水，坐在一旁静静地看着小狗吃。等它吃饱后，她又牵着小狗下楼，迈着欢快的步子陪着小狗在小区里转，直到小狗觉得累了，才会带着它回家。小狗心满意足了，她才安心地写作业，小狗也会静静地趴在她的脚边。可是，两个月前，小狗突然生病了，小慧在家就会时不时去看看小狗，定时喂它吃药。看着小狗日渐消瘦，小慧很难过。渐渐地小狗的病情变得越来越严重，爸爸只好把小狗送去宠物医院治疗，小慧回家后就会让爸爸带自己去看小狗。但是治疗了一个月，小狗还是没有了，这让慧慧非常伤心。在学校，小慧一个人时会悄悄哭，回到家，也是魂不守舍、闷声不语。只要听到与“小狗”有关的话题，她就会大哭不止。每次小慧大哭的时候，爸妈都会安慰道：“孩子，不哭，不哭。”甚至，他们表示，还可以给小慧再买一只泰迪，可是小慧却不愿意。看着她无精打采的样子，爸爸妈妈很是着急，不知道怎样做才能让小慧振作起来。

故事分析

故事中，小狗去世了，小慧非常伤心，无论爸妈怎么安慰都没用。那么，导致小慧如此伤心的原因有哪些呢？

1. 小慧与小狗的感情很深，一下子不能接受它的去世。小慧与小狗相处时间已有三年。每天，无论是早上还是晚上，小狗都会陪着她，彼此有了很深的感情，小狗是小慧生命中的一个重要陪伴者。面对病重的小狗，她即使有心理准备，也会在小狗真正离开的时候无法接受，感到伤心。这是很正常的情绪反应，说明小慧是一个情感丰富并且能自然流露感受的孩子。

2. 小狗的去世，让小慧感受到生命的脆弱。失去宠物，对于孩子来说是一个极大的打击，不仅仅是失去玩伴，还带走了情感，更是她对于世界的控制感受挫的一次经历，容易引发孩子对生命丧失的忧伤。

3. 面对小狗的离世，父母想劝慰小慧，说"不哭，不哭"，这样的方式对小慧并没有太大的帮助。在小慧很伤心的时候，父母向孩子表示要再买一只泰迪，试图以此安慰小慧。然而这样做小慧也许会更加伤心，因为在小慧的心中，小狗是像家人和朋友一样的存在，是无法取代的。

家教策略

当孩子面对宠物的去世而感到伤心时，父母该怎么办呢？

1. 鼓励孩子表达真实的情感。孩子因为失去心爱的宠物伤心、难过、哭泣，都是正常的反应。父母不要简单安慰"不哭，不哭"，也不急着用买一只新的宠物的方式，试图让孩子平复情绪。父母可以陪在孩子身边，搂着孩子的肩膀、拍拍孩子，什么也不说，也可以对孩子说"我知道你现在很伤心"。这样的表达能让孩子感受到父母对她的理解和对她情绪的接纳。情绪宜疏不宜堵。孩子失去心爱的东西感到伤心难过，是有爱心的表现。父母千万不要阻止孩子表达他们的情绪。要做到尊重、理解和陪伴，给孩子一些时间慢慢走出来。

2. 跟孩子一起回顾宠物带来的美好瞬间。父母可以对孩子说："你每天一大早起来给它喂食，带它出去玩，给它打扫卫生，洗澡，用心照顾它，你做得真的很好。它呆萌的样子也给你带来那么多快乐。”父母陪着孩子回顾这些美好，孩子可以从体验和感受到宠物带给她的快乐和意义，而不仅仅执着于宠物的存在。从彼此陪伴的过程，孩子看见自己的付出变得有意义，就能产生能力感，能够从不同角度来看待死亡这件事，也能够正视自己面对生命逝去的悲伤，从而领悟到生命的可贵，珍爱自己的生命，珍惜身边的人。

3. 跟孩子一起讨论再为宠物做点什么。等孩子情绪稍稍缓和、平稳后，父母可以跟孩子商量，再为她心爱的宠物做点什么。用适当的祭奠与追忆的方法怀念宠物。例如在清明节，一起回忆宠物，说说在一起时它是如何捣乱的；或者保留它的一些玩具，怀念它玩耍时可爱的模样；让孩子与宠物告别，也可以邀请家庭其他成员来分享自己对宠物的思念。

4. 告诉孩子，即使再伤心，也要积极生活，坚持做应该做的事情。可能孩子会没有那么精神，但过一段时间就会好了。好了也并不意味着她就会忘记宠物，宠物和她相处的温馨时刻会永远留在她的心中，她要带着这样的温暖努力生活。如果孩子愿意，父母可以邀请孩子去游泳、露营、爬山等，可以带孩子去看一场有趣的电影，也可以带孩子去吃好吃的美食。在这个过程中，孩子会体会到和家人在一起的快乐和亲密。

孩子总有各种担心，怎么办

情景故事

男孩小蒙读小学二年级，性格胆小、腼腆。爸妈因为工作忙碌，选择了爷爷奶奶家附近的幼儿园，这样他就可以由爷爷奶奶照顾，并和他们住在一起。有时候小蒙调皮了，爷爷奶奶就会吓唬他说：“你再调皮，爸爸妈妈就不要你了。”周末，爸爸妈妈休息的时候，就会将小蒙接回身边，和他一起吃饭和玩耍。等到周日的晚上，会把小蒙再送回爷爷奶奶家。即使小蒙有的时候不愿意，但因为周一爸爸妈妈要上班，他们只能送他回去。上小学后，爸爸妈妈依旧忙碌，但为了小蒙，他们搬到了爷爷奶奶家一起居住，每天上学都是爸爸妈妈送，放学了还是爷爷奶奶接。小蒙的学习成绩还不错，就是有一个特点，非常敏感，总是会有各种担心。当他和同学打招呼，同学忙着别的事，没能及时和他打招呼时，他就会担心同学不喜欢他，不想和他玩。当他做错了一道题时，他就担心老师会批评他。有一天早上，妈妈告诉小蒙她今天下午有空，可以去接他放学。小蒙听了很高兴，进校的时候都是蹦蹦跳跳的。到了下午快放学的时候，妈妈因为突发的工作没能准时走，从单位出发的时候就已经迟了，在路上妈妈赶紧给老师发信息，告诉老师自己会迟点到，让小蒙等一等自己。当妈妈赶到学校时，看到小蒙背着书包在校门口焦急地东张西望。他一看到妈妈，就立刻跑了过去，扑到妈妈怀里，哭着对妈妈说："妈妈，你怎么来这么晚。我以为你不要我了呢！"妈妈摸了摸小蒙的头说："哪会不要小蒙呢？爸爸妈妈永远爱小蒙啊！"小蒙听了以后，立刻不哭，开心地笑起来。可是，过了一段时间，妈妈临时接到工作任务，没来得及和小蒙说就出差了，之前答应小蒙的活动也不得不取消，小蒙又担忧地表达了妈妈可能会不要他的恐惧。妈妈听到了，感到很困惑，家里这么多人陪着小蒙，他怎么还会有如此多的担心呢？

故事分析

故事中的小蒙为何总是会有各种担心呢？

1. 可能与小蒙高敏感特点有关。高敏感的孩子情绪比较丰富，多愁善感，观察能力非常强，想问题也会想得有点多，这类孩子的成长需要稳定的关系、稳定的生活环境，更需要有人能理解和捕捉到他们的感受。在故事中，周末小蒙要和父母分离的时候，父母未能很好地理解他的分离焦虑，也未做任何的沟通与处理，就直接把他送到爷爷奶奶家了。

2. 可能与小蒙早年的生活经验有关。小蒙由在自己家变为到爷爷奶奶家生活，会感到不安，需要适应。当他不听话的时候，爷爷奶奶会吓唬他说爸爸妈妈不要他，这样会让小蒙更加不安，陷入可能被抛弃的恐惧中。小蒙会因为不安而对周围的各种事情异常敏感并感到焦虑，会担心同学不喜欢自己，也会担心老师批评自己。尤其是父母在约定的时间未出现的时候，他可能再次陷入被抛弃的恐惧中。比如："妈妈真的是迟到吗？她是不是真的不要我了？"只有当妈妈出现了，他的恐惧才会消失，担忧也会变没。可是下次再有同样的情况发生，他又会出现类似的感受。

3. 父母的工作比较忙碌，即使他们有心想要多参与孩子的生活，但是工作的突发情况也会经常打乱孩子的生活节奏和稳定的情绪状态。小蒙一会儿因为妈妈能接自己放学而雀跃，一会儿又因为妈妈迟到而感到担心，又因为妈妈临时出差而独自面对计划搁浅的失望，导致孩子内心不断起伏，对变动适应起来会有困难。

家教策略

当父母发现孩子有各种担心的时候，该怎么办呢？

1. 父母需要去了解高敏感孩子的特点，以及掌握养育高敏感孩子的要点。如果爷爷奶奶不能够理解孩子的高敏感特点，那么父母也可以主动告诉爷爷奶奶，并指导他们如何照顾像小蒙这样敏感的孩子。家庭每一个成员如果都可以理解和接纳高敏感孩子的一些表现，如孩子面对分离的时候会有些困难，那么父母就不要悄悄离开孩子，其他家庭成员也不要以各种理由哄骗孩子，而是要提前告知实情，并彼此表达不舍。如果孩子能够接受身体的接触，那么父母在分离前可以拥抱一下孩子，然后对孩子说"再见，会想你的"。这样可以让孩子对于分离有正向的体验，以后就能越来越容易面对分离。

2. 父母和孩子沟通要注意方式方法。父母不要轻易吓唬孩子，不要对孩子说“不要你”之类的话，这会让孩子产生被抛弃的感觉。这种担忧会影响孩子的状态，导致孩子在压力或变动中容易产生各种担忧。当孩子出现分离焦虑的时候，父母要能及时察觉和干预。比如，小蒙的父母可以告诉爷爷奶奶不要再对小蒙说“不要你”之类的话。同时，父母要用言语进行表达，强化对孩子的爱一直在，可以告诉孩子：“爸爸妈妈爱你，不会随便离开你！”父母也要告诉孩子自己的工作性质，在什么样的情况下父母可能会做不到准时或遵守约定，让孩子对此有所了解和准备。这样，孩子在面对突发情况的时候就不会产生过度的担心和焦虑，从而能更好地调整情绪，能用更稳定的状态去面对突发情况。

3. 给予孩子高质量的陪伴。要想孩子获得足够的安全感，父母需要给予高质量的陪伴。在时间允许的情况下，父母要尽可能参与孩子的成长，要用心陪伴孩子，在内心深处和孩子有很好的情感联结，让孩子知道爸妈无论多忙，都会关注和爱自己。

孩子总会大喊大叫，怎么办

情景故事

男孩小强读小学二年级，对人有礼貌，但他有个让人印象深刻的特点：不管是在学校，还是在家里，只要遇到不开心、不如意的事，他就会大喊大叫。因此，在学校，无论老师还是同学都对他很关注。一天上午，第一节课刚下课，同桌去捡掉在地上的铅笔，一不小心碰到了他的脚，正准备向他道歉时，他突然情绪激动，对着同桌大喊：“你想干什么？”接着就趴在桌上大哭起来。有同学见状就立刻跑去找班主任，班主任马上赶到教室，向小强了解情况，小强一边哭一边说着事情的经过。老师不仅安慰了他，也批评了碰到他的同学。好一会儿，他才平静下来。某个周五，小强放学回家，他想要拿玩具玩，一不小心把装玩具的盒子弄翻了，玩具散落一地，爸爸看到了要求他把玩具先收拾起来，然后再玩。他听到了就大喊大叫“烦死了，烦死了”，还把手上的玩具扔到了地上。没人理他后，他也不喊了。过了二十分钟，他默默地将玩具收拾好了。晚上，他提出要看电视，平时约定的看电视时间是半个小时，可是到了时间，他却不愿意关电视，在电视机前又跳又叫道：“我还没看完，不许关电视！”爸爸看他这样，气不打一处来，立刻冲上前去关掉了电视。他见状，一屁股坐到了地上，蹬着腿说：“我说了我没有看完，快把电视打开！”爸爸之前曾多次教育过小强，希望他遇事可以冷静，不要这么激动，可是效果不大。爸爸不知道怎样才能改变他的这种习惯。

故事分析

故事中的小强一遇到不开心的事情就会大喊大叫，让他父母很头疼。那么，导致小强大喊大叫的原因有哪些呢？

1. 孩子大喊大叫，可能是觉得自己被忽视了，想引起关注，也可能是希望用这样的方式来达到自己的目的。小强在学校和在家，只要遇到不开心的事就大喊大叫，这有可能是他想用大哭大闹来吸引成人的关注，并让他们按照自己的意愿行事，进而达到自己的目的。

2. 孩子大吼大叫，可能是因为不知道如何表达。小强不小心把心爱的玩具散落一地，自己可能会感到特别懊恼，但他有可能不太会识别自己的情绪，更不要说表达自己的情绪了，所以他就一直沿用小时候的方式——大吼大叫。每个人都会有情绪，孩子也一样。当他有失望、难受、害怕、愤怒等情绪的时候，他并不能正确认识自己的情绪，也无法用语言告诉亲近的人。大吼大叫是他无奈的表达，也是需要被帮助的信号。

3. 孩子大吼大叫，可能是受到了不正确的示范或者鼓励。受身边成年人的表达方式或影视作品的影响，孩子可能认为大吼大叫是一种表达或沟通的方式。同时，当某日孩子以大吼大叫表达时，成人的妥协和退让也是强化他继续使用这种方式的原因。

家教策略

情绪管理能力差会直接影响孩子的人际交往、学业发展和自我概念。那么，当孩子出现情绪管理方面的问题时，父母应该如何应对呢？

1. 保持冷静，稳定好自己的情绪。父母是孩子行为的榜样，孩子会效仿。不管孩子怎么吼，父母自己先不要吼。如果父母比孩子吼得还厉害，那么孩子就会形成这样的想法："只要吼得声音越大，别人就越会听我的。""大人生气了就大吼，我以后也可以大吼。"一旦孩子遇到不顺心的事情就会跟父母一样采取吼叫的方式，从而造成恶性循环。

2. 理解并说出孩子的情绪。当孩子大喊大叫时，父母要能理解孩子的行为，并能说出孩子的情绪状态。孩子感觉到自己被理解，就会觉得自己的情绪是被父母接纳的。给予理解和尊重，给予孩子更多的关注，当孩子不知如何表达或是错误表达情绪的时候，父母应当先理解和尊重孩子，引导孩子适当地表达自己的情绪，避免对身心健康造成不良影响。

3. 教导孩子识别情绪，学会表达情绪。加强和孩子的日常交流，在孩子分享日常生活的过程中理解孩子，经常询问孩子的感受，引导孩子识别不同的情绪，让孩子进行自我观察，如自己在什么情况下会有什么样的情绪，同时思考如何去调整自己的情绪。注意倾听，即使孩子的一些表达不恰当，也不要打断孩子，让孩子在描述的过程中学习如何清晰地表达自己的情绪和内在。

4. 父母要对孩子予以恰当的情绪引导。当孩子有某种情绪的时候，父母要明确地告诉孩子，可以做什么，不可以做什么。这样，孩子就知道在有情绪时，可以用什么样的方式宣泄或表达，也学着去抑制不可以的冲动行为或表达。

5. 父母要建立明确的家庭规则，告诉孩子，无论有了怎样的情绪，都不要伤害自己，也不要伤害他人和物件。

6. 父母要让孩子学会对自己的行为负责。让孩子有选择和尝试错误行为的自由，但同时孩子也必须接受和承担行为的自然后果。父母及家人要在生活中不断给予孩子这样的试错机会，不要过度干预，让孩子自己去体验。这样孩子才能学会对自己的行为负责，学会更好地控制自己的行为。

孩子从不说学校的事，怎么办

情景故事

男孩小铭读小学五年级，乖巧有礼貌，在学校上课认真听讲，作业能及时完成，学习成绩很好。小铭上课不主动发言，老师只有点他名，他才站起来发言，每次发言都很好，就是声音不大，同学和老师听起来会有点吃力。他和同学相处融洽，老师也比较喜欢他。爸爸妈妈是大学老师，对小铭很关心，从小都陪着小铭，给他读绘本、讲故事，陪他做手工，有空了也会带小铭出去旅游。小时候，小铭活泼开朗，有什么都会跟爸爸妈妈讲。自小学以来，爸爸妈妈对他的学业比较重视，几乎每天都和他交流，询问他在校情况以及学了什么。一开始，小铭还像小时候那样，什么都说，但是随着年龄的增长，小铭变得不愿意多说。面对爸爸妈妈的询问，要么沉默，要么就回复说："就那样，没什么好说的。"有一天，爸爸妈妈看到放学到家的小铭一脸的不高兴，就猜他在学校是不是遇到了不开心的事情。晚饭过后，妈妈到房间问他："妈妈看你今天回来的时候，好像有点不高兴，是不是发生了什么事？"小铭不吭声。过了一会儿，爸爸也进了房间问他："你愿意和爸爸说说今天在学校的事情吗？"他听了爸爸的话，依旧低着头，默不作声。过了好久，他才抬起头，对爸爸低声说道："爸爸，没什么事，我也不想说，让我静一会就好了。"说完，他就以写作业为由让爸爸出去。爸爸妈妈看着小铭的房门，心里有担心，但却不知怎么办。

故事分析

孩子不愿意对父母说学校的事情，原因可能有以下几种。

1. 可能与青春期前期孩子的特点有关。孩子到了青春期前期，自我意识增强，开始保留自己的一些秘密，不愿与父母分享。无论是自己做得好的，还是做得不够好的，都不愿意与父母分享。小铭读小学五年级，有可能到了青春期前期，所以会不太愿意和父母分享自己在学校的事情。如果和父母分享了，他就会觉得自己还是小孩而不是大人。

2. 可能是害怕父母的批评。如果父母对孩子过于严厉，也会导致孩子回家不敢说学校的事情。尤其是自己在学校犯了错误，会不敢和爸妈说，担心和爸妈说了，会招致批评或惩罚。因而，孩子通常会以压抑自己的方式和父母互动。还有，小铭爸妈对他的学习特别重视，让小铭有压力，也会导致小铭不愿意和爸妈说学校的事情。

3. 可能是不想让父母操心。有的孩子很懂事，能够感受到父母的紧张，不说也是保护父母的一种方式。故事中的小铭乖巧有礼貌，各方面表现都不错，他带着一脸的不高兴回家，却不愿意和爸妈说自己发生了什么，可能是不想让爸妈为自己操心。

家教策略

孩子不愿意回家和父母说学校的事情，即使父母问询孩子也不愿意说。这种情况下，父母该怎么办呢？

1. 营造和谐的家庭氛围。在家里不和父母交流的孩子，往往会压抑自己。父母要想想自己是否在无意中让孩子觉得爸妈对他的要求比较高，家庭是不是不民主。如果有的话，父母自己首先要作榜样，调整对孩子的要求，多询问、多倾听，这样才能在家里创造一个真正自由自在的环境。父母允许孩子出错，让孩子逐步地放开自己，能够自如地表达自己的观点和想法。这样当孩子回家后，就会感受到放松与愉悦，就会敞开心门，愿意和父母说说学校的事情，说说自己的事情。

2. 认真倾听孩子。父母在陪伴孩子的时候，要认真倾听孩子。当孩子面对父母表达的时候，父母能够做到专注地去听，不评判、不指导、不指责、不抱怨，而且还能将听到的及时向孩子澄清并反馈给孩子，让孩子感受到父母真的是在认真听，而且还听懂了他的表达，孩子因为自己被接纳、被理解了，抗拒心理就会减弱。这样孩子自然而然就愿意和父母交流了。

3. 欣赏、赞美孩子要具体。父母要有一双善于发现孩子闪光点的眼睛，要看到孩子的进步，时常认可、鼓励和赞美孩子。父母在赞美孩子的时候，要结合具体事情去夸赞，不能只是笼统地说：“孩子，你真棒。”如果只是简单地夸赞“你真棒”，会让孩子觉得父母“虚伪”。假如孩子在期中考试中，数学由原来的中下等上升到了班级前几名，父母在夸赞孩子的时候，就可以说得具体点。例如：“孩子，你这次考试的进步真大，由原来的中下等进步到了前几名呢！你的努力能起到作用，爸爸妈妈为你感到特别高兴。”孩子听到父母这样具体化的夸赞后，也知道了自己在什么地方有了进步，觉得父母的夸赞是真诚的，就会愿意和父母交流和表达自己。

4. 加强和学校老师的沟通。当孩子不愿意和父母提及学校的事情时，父母可以定期和学校老师保持联系。如果观察到孩子的情绪状态有变化，父母也要及时和学校老师沟通，从侧面了解孩子情绪变化的原因，然后用合适的方式去支持和陪伴孩子，这样孩子才能感受到父母对自己的关心。

孩子自残，怎么办

情景故事

女生小雨上初中二年级，平时沉默寡言，成绩一般。父母关系不好，妈妈和小雨关系比较好。爸爸脾气不好，会因为一点小事就骂妈妈或者小雨。有一天，小雨因为跟好朋友吵架了，在教室拿刀片偷偷自残，划得有点深，流血了。她没带餐巾纸，找同学借餐巾纸，擦伤口的时候被其他同学看到了，同学报告给了班主任老师。班主任赶紧送她去了医务室，经过处理，没太大的问题。班主任联系了小雨妈妈，妈妈知道后，回家不由分说地查看小雨的手臂。细细的手臂上赫然分布着十几道纵横交错的伤疤，有一些是新伤，还有一些是旧伤，交错在手臂内侧、手腕处……看着很是令人心疼，妈妈看着眼泪都出来了，跟小雨说："小雨，有什么事跟妈妈说，不要再伤害自己了。"小雨边哭边点头，这种情况好了一阵子。过了一段时间，妈妈发现小雨的手臂上又有了新的伤口，气得说了一顿小雨。小雨很难过，跑回房间，一边哭，一边拿出刀片，又在手臂上划了一刀。小雨妈妈很着急，不知道怎么才能帮助小雨。

故事分析

故事中的小雨到底是怎么了？她为什么通过"自残"来进行"情绪发泄"呢？

虽然我们看到小雨的直接表现是"自残"，但是一定要把握小雨"自残"背后的原因，才能够对症下药，及时帮助到她。

一般来说，中小学生自残的原因可以大致分为两种：第一，非自杀性自残，如表演型、获取关注型、自罪自责型、情绪发泄型、好奇跟风型，等等。第二，自杀性自残。从故事来看，小雨属于非自杀性自残中的情绪发泄型，同时也可能夹杂着一些渴望被关注的心理。

1. 人际支持系统对于中小学的孩子来说，非常重要。家庭系统和朋友系统是中小学生的主要人际支持系统。小雨的爸爸和朋友这两个系统都发生了破裂，让小雨的心理支持发生动荡，小雨就出现了情绪崩溃的情况。

2. 从生理层面来说，初二的小雨正处于快速发育期。控制情绪的前额叶系统并未发育完全，情绪较为不稳定，存在爆发性和冲动性。在受到外界刺激时，很容易出现各种剧烈的情绪反应，进而会冲动性地自残。

3. 当小雨在生活中体验到如挫败感、孤独感、失望感、绝望感、无力感、自责感等负面情绪，同时又没办法通过正常渠道，如哭泣、倾诉、运动、冥想放松、合理释放等来排解时，自我伤害就可能会成为她释放内心情绪的一种易得又习惯的方式。

4. 从马斯洛的心理理论分析，小雨已经处于“自我意识”发展迅速的青春期。如果父母的教育方式只是一味地责备甚至打骂，没有耐心给予她精神上的关注，那么很可能会让小雨的“安全”与“被尊重”的需要得不到满足，从而使得小雨的心理健康状况欠佳。

5. 在小雨的自残行为里，更多的是情绪发泄，但也可能会夹杂着一些渴望被关注的心理。现实中，父母和老师可能没有及时关注到小雨的负面情绪，也没有正确引导小雨进行合理的情绪宣泄。

家教策略

越来越多的心理调查显示，中小学生非自杀性自残已经是一个比较典型的心理问题。那么，如果孩子出现了自残行为，该如何去应对呢？

1. 发生当下：稳定情绪，化解危机，保证安全。在孩子发生自残行为的当下，请先保持冷静，用父母的稳定去影响孩子，避免与孩子起正面冲突。可以运用“深呼吸”的方式让孩子的情绪稳定下来，然后将伤害工具转移或扔掉，先保证孩子的环境安全。

2. 后续改善：改变沟通方式，引导孩子进行正确的情绪表达，注重有质量的陪伴。从情绪问题到自残行为，是一个渐进的过程。在这个过程中，或是因为缺乏父母的关注，孩子的需要没有及时满足，只能用极端的方式来引起父母的重视；或是因为情绪不断累积，直到不得不以自残的形式宣泄。所以父母要给予孩子更多的关心和关怀，尊重孩子的自我意识和精神需要，将孩子当成一个独立的个体来看待，发自内心地尊重和重视孩子，平等地与孩子交流，允许孩子有自己的想法，细细倾听孩子的心声，慢慢理解孩子的需要。

青春期孩子的心理特点，是处于心理依赖和心理独立的矛盾期，他们的情绪常常带有不稳定性的特点。所以作为父母，当孩子出现情绪暴躁、情绪低落等情况时，要给予更多的包容和耐心，用换位思考的方式，试着去理解孩子的情绪波动，允许孩子有一些情绪表达。但同时，也要引导孩子学会合理地宣泄情绪，比如转移注意力、涂鸦发泄、找人倾诉、运动等。

还有部分孩子的自残行为，可能是出于自我厌弃。尤其是一些本身很优秀的孩子，突然遭遇一些失败，容易陷入否定自我和怀疑自我的心理状态，通过伤害自己来表达自罪自责。这样的孩子需要帮助其正确地认识自我和评价自我。父母要积极关注孩子的闪光点，寻找生活中的优势资源，让孩子建立自信心。

3. 寻求帮助：联合学校和家人，多方会谈，评估问题，区分“非自杀性自伤”和“自杀性自伤”。如果除了有较为激烈的情绪问题，同时还伴随有睡眠障碍、食欲不振、体重下降、成绩波动大、注意力不集中、记忆力下降等其他症状，可以考虑前往医院进一步咨询。联合专业的心理老师或心理医生，制定安全计划和帮助计划，包括但不限于“教师访谈”“个体咨询”“家庭治疗”等。总之，要正视孩子的问题，寻求专业的力量，必要时遵医嘱治疗。

孩子说“我不想活了”,怎么办

情景故事

男生小西上初中一年级,是住校生。在很小的时候,他爸妈就离了婚,他一直跟着爸爸生活。上初中前,爸爸就给小西找了一所很好的私立学校,让他去这所学校读书,但这所学校的要求是孩子得住校。爸爸觉得小西已经长大了,就让他住校,只有周末回家。爸妈离婚后,他们反而像比较好的朋友一样相处,会一起谈心、交流,在周末的时候还经常带小西一起出游、吃饭或者看电影。有时候小西会有种错觉,妈妈就像从来都没有离开过这个家一样。

前几天,妈妈跟小西说要结婚了。他听完很吃惊,因为妈妈从没跟自己说过她有喜欢的人。小西就觉得,爸爸把他丢到寄宿学校去,妈妈又要结婚了,爸妈分明都不想要自己了!以前小西还一直以为他们总有一天会复婚,现在看来这根本就不可能。小西现在很绝望,觉得活着没有意思,他想到了死。

每次回学校之前,小西都会央求爸爸不要送自己去学校,可是爸爸不听,执意要送他去,他没有办法。有一次,小西发高烧,爸爸带他去看医生。医生说是感冒引起的,让回去吃点药好好休息。小西觉得自己生病了爸爸应该不会送他回学校,没想到等到晚上他烧退了,爸爸还要送他去学校。小西很生气,对爸爸吼道:“我不想活了!干脆发高烧烧死算了!”爸爸听了很吃惊,送他上学,怎么就说不想活了?

故事分析

小西的故事反映出两个问题:一个是单亲家庭的“爱缺失”问题,另一个是寄宿生的“被抛弃感”问题。

1. 幻想破灭的影响。小西的父母离婚了，没有争吵、指责，虽然爸爸照顾小西，但父母和孩子经常在一起吃饭、看电影、旅游，这会让小西对父母关系复合产生不切实际的期待，会希望父母可以复婚。而当妈妈告知小西自己要结婚的情况时，对小西的冲击会比较大。

2. 爸爸让小西去寄宿，并未向小西说明原因，可能爸爸是觉得私立学校好。但是未经说明就要求小西住校，在他看来，可能就是爸爸不愿意和自己待在一起，有一种被抛弃的感觉。

3. 提前告知孩子生活的变化。妈妈没有提前告诉小西自己的感情状况，虽然不是一定要说，但是适当提前一点告知孩子，可以让他有所准备，而不是到结婚了才让孩子被迫接受。这会让孩子感到自己不被尊重，自己的感受和想法对于大人来说不重要，也意味着自己这个人不重要。妈妈为了一个不认识的人"抛弃我"了，这种被抛弃的感觉也会很强烈。

4. 重视小西的感受和需要。如果父母不重视小西的感受和需要，他就会觉得很孤独，甚至会觉得活着没意思。

家教策略

1. 关注孩子的内心。不论家庭形式是什么样，父母都需要关注孩子的内心。在现代社会中，单亲家庭很多。对于离异的父母而言，结婚、离婚、再婚都是他们的自由和权利，但在追求自我幸福的同时，也不可以忽略对孩子内心的关注。离异后父母能够融洽相处，并一起带着孩子去游玩，对孩子来说是很好的。但父母在做一些决定的时候，尤其孩子已经是青少年的时候，需要提前告知孩子，既可以听听孩子的想法，也是对孩子的重视和尊重。在一些重大决定告知和选择后，和孩子一起生活的父母需要观察孩子，看看孩子对变动的适应情况，及时了解孩子内心的想法，并协助孩子去适应。

2. 给予孩子稳定感。父母的离异对孩子来说是一次稳定性的破坏，如果孩子的生活不断变动，其稳定性又会再次被影响。和孩子一起生活的父母需要增强孩子的稳定感，一方面可以让孩子与父母保持较好的情感联结，另一方面可以在生活中保持孩子稳定且有规律的生活。最重要的是，当生活有变动时，父母需要与孩子一起面对变动，理解孩子对于变动的反应，如果孩子需要，也可以给予一些帮助。

3．留意孩子的特殊表达。父母在养育孩子的过程中，需要留意孩子说的一些“丧气话”。可能在说这些话之前，孩子已经有一些表达，也许不那么清楚，也许被父母忽略了。但当孩子强烈地表达了之后，父母就需要重视起来。比如，不要去寄宿学校，可能是在学校住得不习惯，可能是同伴交往上有困难，可能是学业压力过大，也可能是担心被抛弃等。父母需要了解孩子到底想要表达什么，想要哪方面的帮助，这样就可以针对性地解决问题。“不想活”是一种信号，其实是想要活着，想要在温暖、稳定、有陪伴的环境下活着。

自我篇

苏格拉底说:“认识你自己。”这是刻在古希腊德尔菲神庙门楣上的名言,也是我们需要用尽一生的时间去探索的话题。知名的舞蹈家玛莎·葛兰姆也说道:“有股活力、生命力、能量由你而实现,从古至今只有一个你,这份表达独一无二。如果你卡住了,它便失去了,再也无法以其他方式存在。”所以,自我是非常宝贵的。

“自我”一直是心理学研究中的一个古老而又热门的话题。有人说,心理学的根本问题是帮助人去认识“人是什么”。自我认知是个体对自己的认识。具体地说,自我认知就是个体对自身的认识,以及对他人、对世界关系的认识,也是对自己存在的觉察,即认识自己的一切,包括自己的生理和心理状态、自己的想法和感受、自己的目标和愿望、自己的生活和存在等。

根据埃里克森人格发展八阶段理论,6 岁至 12 岁儿童属于学龄阶段。在这个阶段,孩子会频繁产生内疚感和自卑感,认为自己没有价值,对很多事都无能为力,这是由儿童的心理发展特点决定的。因为,6 岁至 12 岁的儿童主要关注的是外部世界,而对自己的内心世界关注不够多。依据皮亚杰的道德认知发展阶段理论,这一阶段的孩子崇尚权威,主要依靠别人来实现价值判断,而非依靠自己的内心准则,习惯于将别人的想法或者普遍的规律当作自己的认知。此时,假如他们不能准确地进行自我认识,片面地相信别人的判断，就很容易陷入自我怀疑和否定，并且产生自卑的感受，进而更加无能和无助。无论是埃里克森的理论，还是皮亚杰的理论，都提到了小学阶段儿童在认识自我方面更依赖于外部世界对其有重要影响的权威人物等，因此也容易产生内疚、自卑、无能、无力等感受。

而进入 12 至 18 岁，即进入青春期的青少年，从埃里克森的理论看，他们的主要任务是实现自我同一。青少年会逐渐认识到自我的价值和意义，对自我产生认同感。否则，他们就会产生角色混乱，不知道自己应该处于世界和生活的哪个位置。因此，不管是对于儿童，还是对于青少年来说，了解自我、认识自我，进而提升自我价值感，都是至关重要的。

在本章节中，就儿童和青少年所关注的自我话题，我们尝试从心理学的角度，为儿童青少年的自我发展进行助力。

1. 在孩子心中，可能会有不断需要克服的自卑感。心理学家阿德勒说，自卑是我们在一生中都需要去了解的主题，自卑的力量是巨大的，人的一生可能就是了解自己的不足并超越自我的过程。那么，孩子也会在和别人比较的过程中，产生自己不如别人的感受，比如认为老师不喜欢自己、担心自己长得不好看、担心同学不喜欢自己等。就这些问题，本章节将引导父母帮助孩子更多地了解自我，认识自我，完善自我。

2. 当孩子在自我方面表现出弱点时，父母也需要及时地帮助孩子克服弱点，与孩子共同成长。比如孩子爱说谎、孩子追求完美、孩子太要强、孩子对什么都不感兴趣等，这都可能是父母和孩子亟须关注的话题。在面对孩子的弱点时，父母更需要表现出教育的耐心，给孩子成长和发展的空间，循序渐进地帮助孩子成为更好的自己。

孩子不自信，怎么办

情景故事

小林是小学三年级的男生，性格内向，学习成绩不错，上课认真听讲，能独立完成作业，学习上遇到不会的题目，也会问爸爸妈妈。在班级和同学相处友好，有自己的好朋友。在上幼儿园的时候，爸爸妈妈就发现小林不愿意在公共场合讲话。例如，在乐高课上，下课前十分钟，父母一般会进教室去看自己的孩子上台展示和介绍作品。别的孩子都很积极，争着要上台展示，可是，小林却不愿意上台展示。即使爸爸妈妈说“讲不好也没关系”，他也不愿意。为此爸爸妈妈还特地给他报了主持人班，但小林上了几节课就不愿意去了。上了小学，老师向爸爸妈妈反馈，小林在班级不怎么主动举手回答问题，只有老师点名才会站起来回答，而且回答的声音也比较小。有一次，老师在班级选拔同学参加跳绳比赛，小林是班级跳绳跳得很好的孩子之一，但他并没有主动报名。老师询问小林，小林说担心自己在比赛的时候会跳不好，如果输了比赛就会觉得很丢脸。平日里，小林的爸爸妈妈会比较关注小林的一举一动，小林有需要他们就会及时帮助小林。家庭比较讲规则，只要小林有不合时宜的言语和举动，他们会及时告诉小林这样不对并提出纠正，小林做得好的爸爸妈妈也会表扬小林。爸爸妈妈一直在想怎么样才能让小林自信一些，但是好像怎么做小林都还是那样，甚至都不愿意和父母沟通了。小林的爸爸妈妈很苦恼，怎样做能让小林变得自信一些呢？

故事分析

故事中的小林不是很自信，那么导致小林不自信的原因有哪些呢？

1. 可能与小林性格内向有关。所谓内向，是指一个人倾向于安静和独自待着，倾向于自我的感受和思考，做事情的时候会考虑较多，对环境的适应需要更长的时间。但性格内向并不意味着这个人社会交往能力差，也不会完全排斥表现自我，只是这样性格的人需要更多鼓励和肯定，更多在公开场合表现自我的经验，和更多处理内心焦虑的方式、方法。虽然每一次在公开场合表现自我，他依旧会感到焦虑，但他如果有较多的自我调节方式，就能更好地面对焦虑，调整自我。

2. 小林的父母会比较关注小林的一言一行，会主动给予他帮助，也会给予小林积极的肯定，他们是很好的支持者。但有时他们太过于关注小林，也会给小林带来压力。尤其是在小林有不合时宜的言行和举动时，父母发现后会及时指出，这样会让小林感觉背后始终有一双“眼睛”，导致小林会很有压力，担心自己把事情“搞砸”。在小林看来，在公共场合表现自我，就会感觉到有很多双眼睛看着他，压力就会变大，这样小林就很容易选择放弃。

3. 一直以来小林面对压力事件，采用的应对方式都是退缩或回避。父母看到了小林的困难，他们用大多数人惯用的安慰方式去安慰小林，但是，这样的安慰对小林来说没有太大的作用。如果他们能够去了解小林真正的担心和害怕，也许就能帮助小林慢慢地敢于尝试和冒险。

家教策略

那么，面对不自信的孩子，父母该怎么办呢？

1. 对于养育内向的孩子，父母需要去理解这种类型的孩子的特点。在日常生活中，父母可以多观察孩子。对于孩子在压力下的反应，父母能了解并做到心中有数。尤其是在压力超出孩子的能力范畴时，父母要能敏锐地捕捉到，并及时给予孩子恰当的支持和帮助。

2. 如果父母自己也有在公共场合讲话或者表现自我感到紧张或害怕的经验，那么可以分享给孩子。如果父母没有类似经验，则可以找一些名人事迹，讲给孩子听，告诉孩子其他人也有类似的情况，这样孩子会感到放松一些。然后，父母和孩子一起去探寻这些名人是怎样努力克服紧张和害怕的。最后，再看看这些名人故事能否帮到孩子，或者能否带给孩子有效的借鉴。

3. 当孩子在公共场合变得不自信、不敢表达的时候，父母要先去接纳孩子的这种担忧和害怕的情绪。然后，父母可以选择去人少一点的公共场合，从孩子感兴趣和擅长的事物开始，引导孩子尝试用简短的方式去表达和表现自我。同时父母也要做好心理准备，孩子有可能还是会因为不自信而"逃走"。即使孩子暂时没能像父母期待的那样去表达和展示，父母也不要批评孩子，更不要放弃尝试，要对孩子有信心，慢慢等待孩子能主动在人前表达自我。只要孩子愿意表达，父母就要及时肯定孩子的勇气，不要去评价孩子表现得好不好，这样就会激发孩子表达和展示的意愿。等孩子尝试的机会多了，再和孩子讨论怎么做会更好一些。

4. 当孩子出现不合时宜的行为时，父母要有耐心，要对孩子持续进行观察，看后续是否持续出现类似的行为。如果孩子持续出现这类不合时宜的行为，那么父母可以在恰当的时候跟孩子说一说。如果孩子只是偶尔出现一次不合时宜的行为，也不是原则性的大问题，父母可以放一放。这样，孩子就不会压抑自己，会变得更放松和有弹性。

孩子认为老师不喜欢自己，怎么办

情景故事

女生小美读小学一年级，长得非常可爱，皮肤白皙，学习成绩中等。小美从小就惹人喜爱，上幼儿园后，她喜欢唱歌跳舞，嘴巴又很甜，老师特别喜欢她。每次幼儿园要表演节目时，老师第一时间想到的都是小美。每次小美都表现得很好，父母和老师都会对她有许多夸奖。在幼儿园的三年，小美过得很开心。上小学一年级后，刚开学的时候，小美每天早早起床，高高兴兴去学校。可是，过了一段时间，小美变得不一样了，早上起床要爸爸妈妈喊，有时还要喊好几次。从学校回家后，小美会时不时说："老师不喜欢我！""老师总是不喊我回答问题！"爸爸妈妈听到后说："小美这么可爱，我们都很喜欢你呢！"同时也劝慰小美："老师不喊你，不代表不喜欢你啊！小学和幼儿园不一样，老师可能希望给每个小朋友回答问题的机会。"小美听到了，会点点头，好像能理解的样子。爸爸妈妈及时找老师沟通，恳请老师在上课的时候，多给小美回答问题的机会。老师表示会在课堂上多关注小美，也会适当给小美一些机会。但是，小美回家，依旧会抱怨老师不喜欢自己。她上课变得有些无精打采，老师向爸爸妈妈反映了小美这一情况。爸爸妈妈回家后问她怎么了，她却委屈得哭了，说自己很认真听课了。爸爸妈妈见小美这么哭，说她不是，不说她也不是，就只能暂时搁置了。小美这样的情况，爸爸妈妈觉得他们都做了自己能做的，可是小美也没有什么改变，接下来该怎么做呢？

故事分析

故事中的小美在幼儿园的时候各方面表现都很好，深得老师的喜爱，可是，到了小学，小美却认为老师不喜欢她。那么，是哪些因素导致了小美会有这样的认识呢？

1. 可能与小美的小学适应不顺利有关。小美在进入小学后，需要适应小学生活、适应小学老师等。在适应的过程中，小美会感受到一定的压力，需要被理解、被支持。而在幼儿园的经历，尤其是老师对她的肯定和欣赏，让她天然地对小学的老师有所期待，期待小学老师会像幼儿园老师一样非常喜欢她。但小学老师对待她的方式，明显和幼儿园的老师不一样，会对她有更多的要求。这些对小美而言，就不是那么容易一下能适应的了。

2. 小美在幼儿园经常被瞩目、被表扬，但是在进入小学阶段后，小美的那些特长，如唱歌、跳舞等，就很少有机会得到展示，导致她被关注的次数就少了。而小美学习成绩中等，在小学，这样的学业表现也很难吸引老师的目光。在幼儿园和小学两个学段，被老师关注程度完全不一样，让小美产生了很大的失落感，进而影响她的学业表现。

3. 小美向父母抱怨老师不喜欢自己，是想得到父母的支持，能够给予她一些安慰，亲子之间比较亲密和信任。父母会主动采取行动支持小美，如和老师沟通，恳请通过老师的帮助改善小美的情况。小美真正的需求是上课多回答问题吗？有没有其他的需求呢？这是父母需要思考的。只有找到小美真正的需要，才能真正支持小美。

家教策略

孩子认为老师不喜欢自己，这是正常的现象。但，如果孩子总是抱怨老师不喜欢自己，可能就需要父母引起关注了。那么，当孩子抱怨老师不喜欢自己的时候，父母该怎么办呢？

1. 当父母听到孩子抱怨老师不喜欢他的时候，需要从整体上先评估孩子的情况。父母要全面看待孩子的状态，除了孩子抱怨的部分外，要看看孩子学习适应得如何，在学习上有没有让孩子觉得有困难的地方，孩子和同学相处关系如何，有没有喜欢的老师，在哪个老师的课堂上会无精打采，等等。父母了解到孩子越多的情况，就越能更好地理解孩子的抱怨和抱怨背后的需要。

2. 父母可以引导孩子多去看看自己身上哪些优秀的特点会被喜欢和关注。要告诉孩子，不是优秀的特点都具有才会被人喜欢，而是只要有优秀的特点，就可以获得别人的喜爱。父母可以和孩子一起探寻孩子身上的优秀特点有哪些，引导孩子一一说出来，鼓励孩子可以在不同的场合发挥和展示自己的特点。

3. 父母要对孩子的一些观点进行澄清。例如，上述案例中的小美妈妈可以告诉小美，不要认为被喊起来回答问题，才是被关注和被喜欢。要让孩子认识到，即使不被喊起来回答问题，只要老师提出的问题自己会做，也是可以值得被肯定的。父母也要鼓励孩子学会对自我的欣赏，这样，孩子的自信和肯定就不完全依赖于外界，即使在外界不太关注她时，她也可以拥有稳定的内在状态。

孩子担心同学不喜欢自己，怎么办

情景故事

女生小优上初中一年级，性格文静，不太爱说话。爸爸长期在外地上班，周末的时候会回来。平时她都是和妈妈一起生活，妈妈比较温和，也很有耐心。她和妈妈关系很好，也很照顾妈妈。上初中后，她发现班上的女生都喜欢三五成群地在一起玩。小优也有两个自己的同伴。从幼儿园开始，小优就比较愿意听小朋友讲话，自己说得比较少，即使这样她在幼儿园和小学都有自己的好朋友。现在，小优和另外两个孩子在一起，她们俩经常会叽叽喳喳地说个不停。有时小优想要说一说自己感兴趣的事情或者发表自己的看法，但总是插不进去话，即使有时候说上话了，很快话题又被同伴带走了。她虽然不舒服，但还是会耐心地听。有时候两个同伴还会一起去找其他同学玩，但没有喊上小优。这就让小优有点怀疑，是不是自己说话不好玩，还是说自己不那么招人喜欢？以前放学回家，妈妈都会问小优在学校过得怎么样，小优很多时候的回答是还好，只要心情好就会和妈妈说说班级里有趣的事情。有一次，妈妈又问她在学校怎么样。她就说出了自己的担心："妈妈，同学是不是不喜欢我啊？"妈妈想要多了解一些，于是小优就把和同伴相处的情况跟妈妈说了。妈妈知道后说："你一直都和同学相处得很好啊，还有好朋友，现在你们可能相处得时间短，等时间长了就好了，别担心。"

即使这样安慰了孩子，但小优妈妈还是有点不放心，第二天，就和班主任老师联系了，想要了解小优在学校的情况。老师告诉妈妈在学校小优上课表现挺好，下课了经常和同学待在一起聊天，看上去还挺开心的，没有任何问题。妈妈得知后，变得有些困惑，小优说的和老师说的怎么不一样？到底该怎么帮助小优呢？

故事分析

故事中的小优看起来和同伴关系处得不错，可为什么还会担心同学不喜欢她呢？

1. 进入初中的孩子，基本上都是属于青春期的孩子，他们会更在意同伴的评价与认可，更在意自己在同伴心目中的形象。这种在意甚至会超过父母或其他成人。所以，他们会很关注同伴的言行举止，也会对同伴的反应很敏感。如果孩子在与同伴互动的过程中收到较多欢迎的信号，如在小团体里被理解、欣赏和接纳，那么她的归属感就会更强，自我的部分也会发展得更稳定。

2. 同伴之间也存在匹配度。青少年有时候为了融入群体，会勉强自己留在不合适的群体中。因为跟没有朋友带来的影响相比，在不合适的群体中的影响要小很多，承受的压力也会小很多。所以，即使孩子觉得不舒服，也会想办法让自己融入群体。

3. 故事中的小优是一个很愿意倾听他人的孩子，但她不太爱说话的特点，导致她没有太多机会去发展她的表达能力。所以，小优需要去学习和练习表达，如说什么别人会感兴趣、怎么说才能让别人愿意听。同时，小优在人际交往中比较被动。当同伴没有认真倾听也没有邀请她时，她就会在内心中产生想法，但她无法跟同伴表达内心的这些想法，也无法向她们提出自己的需求，进而对自我产生了怀疑。这不利于她建立社会自我的概念。

4. 家庭中，父亲长期在外地对小优可能有所影响。一方面是父亲的力量在小优的成长中很难持续存在，另一方面和妈妈一起生活也会让小优更多地关注和理解妈妈，养成了照顾他人感受而忽略自己感受的人际交往特点。

家教策略

当孩子担心同学会不喜欢自己的时候，父母该怎么办呢？

1. 父母可以理解孩子渴望融入群体的愿望和在群体中的感受，并鼓励孩子表达自己；引导孩子了解友谊中什么是重要的，该怎样维护友谊。这样孩子就能理解自己的情绪，也能清楚自己的真正需要。

2. 父母可以让小优学习一些人际交往的技巧。例如，如何和别人进行有效的对话，如何发起话题等。孩子如果愿意学习，就可以跟父母多练习这样的技巧，然后再找机会跟某个自己信任的朋友或他人进行一对一练习。等熟练掌握交往技巧后，父母可以带着孩子去人多的场合进行练习。

3. 父母要多参与孩子的成长。例如，上述故事中，可以邀请父亲多了解和参与小优的成长。母亲可以向父亲多说说小优的事情，不仅仅是养育小优过程中的困难与困惑，也可以是日常的生活、小优的变化等。如果父亲愿意参与小优的成长并发挥自己的优势，在小优遇到困难时，除了和母亲诉说与讨论外，还要多鼓励她向父亲求助，让父女之间也有更多的联结，这样小优也可以获得更多的支持。

孩子觉得自己长得不好看，怎么办

情景故事

女生小茜上初中二年级，五官清秀，个子适中。以前，小茜对自己的外貌很不在意，剪着短发，穿着舒适的运动裤和运动鞋，每天都很开心地背着书包，蹦蹦跳跳去上学。晚上放学回家，也是开开心心的。但是，从六年级开始，小茜有了一些变化，不仅留起了长发，还对别人评价她的外貌与穿着的话语特别在意。有一次，妈妈给小茜买了一件新衣服，回家让小茜穿上。妈妈看着她，笑着说："我们家小茜真好看！"小茜生气地回答："我哪里好看了？眼睛不大，个子又不高！"妈妈听了，不知道怎么回答她，只能保持沉默。上了初中以后，小茜对自己的外貌变得更在意了，经常照镜子，时不时在家里称体重。如果她看到秤上的数字变大了，她就立刻不吃早饭也不吃晚饭。爸爸妈妈看到了，劝她吃一点，但是小茜很坚决。有时她还会跟妈妈抱怨自己的腰太粗，无论妈妈怎么安慰她，她还是不相信。小茜的学习成绩在上了初中后，变得不太好，退步比较厉害，但她似乎并不在意。妈妈最近还发现她在网上偷偷买减肥茶。妈妈特别担心，但又不知道怎么和小茜沟通。

故事分析

故事中的小茜觉得自己长得不好看，怎样看待她的这种变化呢？

1. 俗话说"爱美之心，人皆有之"，每个人对美都有追求，更何况是青春期的小茜呢？她的很多行为都是为了追求美，但青春期孩子会很希望自己有一个理想的身体，而很多孩子不可能长得"完美"，他们会因此而感到苦恼、自卑，也会用各种方式去追求理想中"美丽的身体"。如果青少年一直把目光放在自身的"缺点"或"不完美"上，就有可能让自己陷入过度追求"美"的困境中。

2. 互联网时代，各种网络信息良莠不齐。现在网络上很多关于消瘦、苗条的宣传图片，容易让心智不成熟的青少年盲目模仿和学习，会让孩子对自己健康但没有那么"苗条"的身体产生错误的感觉。这样的孩子会想当然地以为自己胖，从而选择节食、喝减肥茶等不良的生活方式。这样做盲目不科学的减肥，既影响了身体健康，也容易对自己形成压力。

3. 小茜在追求美的时候，心中只有“美”，只想着如何变美，对自己的学习、生活、人际等方面都似乎忽略了。比较明显的一点，就是她的学业成绩下降了。像小茜这样，用一些有失偏颇的方式去追求美的代价很大，是需要父母正确加以引导的。

4. 故事中，小茜父母没有对小茜的爱美进行批评，妈妈会欣赏并告诉女儿她很好看。即使被女儿“怼”，妈妈也保持了情绪稳定。爸妈在女儿不正常吃饭的时候会关心孩子，并劝她吃饭。从这两个部分看，小茜的家人对小茜的态度比较温和、有耐心，但缺乏和小茜的直接交流，也缺乏对小茜的主动引导。如果能及时引导小茜，告诉小茜一些如何变美的正确的方法，小茜可能会变得更美。

家教策略

当孩子觉得自己不好看时，父母可以做些什么呢？

1. 当孩子选择节食的时候，父母除了劝孩子吃一点外，还需要直接对孩子表达自己的关心，如“你不吃早餐，我担心你营养不够”。如果父母不去表达对孩子的关心，孩子会认为父母不是在劝说自己，而是在要求自己。那样，孩子有可能会拒绝听父母的劝说，更不会接受父母的劝说，所以，父母要避免在劝说无果的情况下对孩子进行指责。

2. 当孩子觉得自己不美的时候，父母可以和孩子一起讨论什么是美，让孩子看到，美不只是大大的眼睛、“苗条”的身材，美还有很多种可能性。父母要鼓励孩子多观察他人及生活中的各种美，同时开阔自己的视野，让自己拥有更多美的可能性。

3. 父母可以跟孩子探讨怎样才能变美。父母可以和孩子一起研究怎么吃比较营养，还能吃出好心情；也可以和孩子讨论如何运动能让自己身体健康，能让自己更有精神。这样，孩子在无形中就会养成了健康的饮食和运动的习惯。父母在鼓励孩子坚持的同时，也可以告诉孩子，允许自己偶尔吃不那么健康的食物，也可以在某些时刻以休息为主。

4. 如果孩子在做了上述两条之后，还是想坚持自己的方式，并且父母都能看出孩子选择的变美方式影响了孩子的生活、学业及身体健康，那么父母可能需要寻找专业人员进行干预，以防孩子出现严重问题。

孩子做事总“三分钟热度”，怎么办

情景故事

男生小风上小学四年级，戴着眼镜，长得敦敦实实。在他小的时候，只要他感兴趣的，爸爸妈妈都会创造机会让他了解，还会让他上相应的课外班。但是爸爸妈妈也发现，关于课外班，他上着上着就不感兴趣了，无论爸爸妈妈怎么鼓励他，他都没兴趣了。到小风快要放弃去上课外班的时候，爸爸妈妈就会很生气地告诉小风：“兴趣班是爸爸妈妈花钱报的，钱是爸爸妈妈辛苦挣来的，不能浪费。”小风听了后，会再坚持一阵子，但最后还是会放弃，任凭爸爸妈妈怎么说都不愿意去。很快，他又对新的事物产生了兴趣，并会让爸爸妈妈给他报班学习。每次听到小风这样的要求，爸爸妈妈就很纠结，既想要支持小风学习，又很担心小风像以前一样“三分钟热度”，无法坚持。在进入小学阶段后，小风的“三分钟热度”就更明显了，老师要求孩子好好阅读，可他在看书的时候，总是一本书看了个开头，就不愿意继续看下去，然后就会重新换一本别的书读。爸爸妈妈担心这样下去，小风做什么都没有毅力，将来长大了什么都做不好。

故事分析

上述案例中，小风为何会有“三分钟热度”呢？

1. 可能小风是一个兴趣爱好广泛的孩子，他对很多事物都会感兴趣。

在学龄前，他的“三分钟热度”是一个正常的状态。因为年龄的关系，学龄前的孩子对事物的兴趣更多是停留在表面而非深度上，而且以探索为主，很多时候探索的乐趣得到了满足很快就会转移兴趣。

2. 爸爸妈妈在小风呈现出“三分钟热度”时采用的是鼓励的方式，这很不错，可以让小风坚持一段时间，但只是鼓励并不能让小风坚持下去。小风其实是需要找到在兴趣之后的深度兴趣和期待，并在学习中不断实现自己的期待以及自我满足。

3. 在小风不断放弃对某一兴趣的探索过程中，可能也会让小风对自我产生不好的感受。而这样的自我感受或评价，会影响小风之后坚持对某一兴趣的深入探索。

家教策略

当孩子总是出现做事情“三分钟热度”的时候，父母该怎么办呢？

1. 父母可以鼓励孩子对自己感兴趣的事情进行探索。如果孩子因为之前很多兴趣没有坚持下来，那么父母会对孩子带有一定的预设，尤其是担心他没有毅力。但不要在日常的生活中不知不觉地流露出这样的评价。如果父母流露出了对孩子的负性评价，可能会影响孩子对自己的看法。

2. 对于孩子在兴趣上的探索，需要父母进行鼓励，更需要有人协助他去寻找兴趣过程中的收获与自己的思考。这既需要专业老师的引导，也需要父母在和孩子的日常生活中进行对话或探索。不是询问孩子学习了什么，而是询问和了解孩子在学习的过程中发现了什么，对孩子的发现和表现给予肯定，尤其是在孩子可以坚持某个兴趣的时候。

3. 很多人在探索自己兴趣和爱好的过程中，都会有“感兴趣—不感兴趣—放弃—再次尝试”的过程。有可能孩子探索的时间会比较长，或者暂时没有找到让其感兴趣的事物。如果父母能理解这一点，其焦虑和担忧就会有可能降低。同时，父母也可以告诉孩子这是探索的正常过程。这样的话，孩子就会对自我更接纳，而不是对自己产生不满，甚至影响其自我概念及后续探索的过程和坚持的可能性。

4. 如果孩子再有感兴趣的事情，父母既可以继续支持，也可以在报培训班的时候，考虑先报短期班。父母可以告诉孩子先试试看，如果持续感兴趣，可以继续学习。这样孩子去上兴趣班的压力就不会太大，可以更放松和投入地去探索自己的兴趣。

孩子总想自己做主，怎么办

情景故事

女生小琪上初中二年级，成绩中等，在校与同学、老师关系都不错。小琪小时候和父母关系很好，是一个愿意听爸爸妈妈建议的孩子。但是在进入初中后，亲子之间的关系就有了变化，时不时就会发生些不愉快的事情。在一些需要做决定、做选择的事情上，小琪会明显地表现想要自己拿主意。爸爸妈妈如果给些建议，小琪就会反感，并跟父母强调自己已经决定了、不想要改变，尤其是在学习方面。比如回家后，如果小琪没有立刻做作业，爸爸妈妈就会不断催促她，因为小学的时候小琪也是要在爸爸妈妈的催促下才去写作业的。但是上初中后，这样的催促不仅没有让小琪去做作业，反而让小琪很反感。有时她会敷衍地说“我知道了”，有时候又会和他们吵架，说爸爸妈妈管得多。如果再多说一点，小琪就会走进自己的房间，“砰”的一声关上门，大家往往就不欢而散了。爸爸妈妈在理智上知道她进入了青春期，要尽量地理解她、不去批评她，但小琪这样的反应还是让他们有些担忧。毕竟小琪从小就是就不是一个独立自主的孩子，比较依赖父母。现在她在许多方面要求自己做主，一方面爸爸妈妈很开心小琪愿意自己做主，另一方面小琪不愿意听取父母的建议又让爸爸妈妈觉得很为难。小琪现在初二，如果父母不在学业上督促一下，她有可能就放松自己，进而影响中考。管她她不开心，不管又会在学业上有所影响，到底怎么做才好呢？

故事分析

故事中，小琪进入青春期后，什么都想要自己做主。这是为什么呢？

1. 小琪进入青春期，独立自主的意识会变得很强烈。因为这是一个青少年形成和建立自我概念的过程。虽然他们从出生开始就在建立自我概念，但是青春期的自我概念有种打破以往的自我，进而形成和确定新的自我的过程。同时，小琪在面对父母的不断督促时，情绪反应较大。这是青少年发育的表现之一，与青少年大脑发育不完善相关。

2. 小琪的父母能够看到小琪的变化，在面对小琪的一些反应上能够保持理智与耐心、会退让，这样的亲子关系调整在青春期是很重要的。同时不会因为小琪的“反应”去批评和指责小琪，这对小琪的成长是有帮助的。

3. 小琪和父母发生矛盾的主要点是在学业上。从故事中可以看到，小琪的父母因为对于未来中考的焦虑，进而会期待小琪多在学业上做些准备，这可能就让小琪感受到了压力。同时父母对小琪写作业的催促，依旧沿用原先的互动模式。但实际上这样的互动对于小琪现在的学习帮助并不大，还会引发小琪的反感，是因为这样的催促更适合年龄小的孩子，对于青春期的孩子并不适用。如果父母不能调整与消化自己的焦虑，也不能较合理地表达出来，而是直接将焦虑变为行动，就会让孩子感到讨厌，也会让孩子的情绪受到影响，进而不能很好地控制自己，又会产生沮丧的感觉。

4. 从小琪的成长历程来看，父母在其成长过程中会有所帮助，这些帮助成了父母的习惯。他们在问题上的反应速度会比小琪更快，可能就会阻碍小琪的自主性。父母没有意识到，在青春期这样的帮助有可能是阻碍。

家教策略

当孩子进入青春期，什么都想自己做主的时候，父母该怎么办呢？

1. 父母对于孩子学业上的担忧，是一种正常的现象。尤其是像小琪这样的家庭，父母从小就比较多地关注和参与孩子的学业与生活。对于这类父母，有一个称呼叫“直升机父母”。盘旋在孩子身边，对于父母和孩子来说都可能会感到很累。其实小琪是需要有自己的学习和生活的空间的，这种空间由她自己做主。虽然一开始父母会不太放心，但是只要加以适当的引导和启发，授之以渔，就会让孩子有更多的积极体验，如“我的想法真不错”“我可以自己做到”。这样孩子的自主感和自信心就会促进孩子更多地为自己负责，遇到一些问题或者困难，孩子就会主动去思考和调整。

2. 建立良好的亲子关系。好的亲子关系对任何时期的孩子成长都是必要的，而青春期的孩子就更需要良好的亲子关系。故事中的小琪父母，能在小琪有情绪的时候不批评、不指责，做到这点是很不容易的。但如果可以在事后尝试与小琪沟通，用柔和的语气询问，尝试了解小琪，尤其是她的想法，那么父母有可能会改变对小琪的固有看法，关系也有可能发生变化。当然日常生活中，父母多和孩子聊些她感兴趣的事情，如她的朋友、爱好等，就会更深入地了解自己的孩子，也会更容易和孩子形成互相信任的关系。

3. 父母对孩子学业上的帮助要适度。在青春期，孩子对父母的需求是“如果我不喊你，你就不要来”。即青春期的孩子发出了求助信号，父母再去帮忙。但青春期的孩子还是需要父母的关注的。父母在关注孩子时，是否可以忍住想要帮忙的冲动，权衡用什么样的方式去帮助孩子就很重要了。多用询问和邀请的语气了解孩子是否需要帮忙，即使被拒绝，也可以再等待时机。如果孩子并不愿意接受父母的帮助，也可以从外部寻找其他让孩子信任的人去帮助孩子。

孩子总是追求完美，怎么办

情景故事

女生小凤是小学三年级的学生，长得白白的、瘦瘦的。小凤从小做事情就很仔细、很认真。幼儿园的时候，如果画画画得不够好，她就会要求自己重新画；如果连续画了几次都画不好，就会发脾气，甚至摔蜡笔和画纸。有时候，爸爸妈妈都觉得她画得已经够好了，小凤还是不能接受。有些事情，小凤没法重新做，也会感到沮丧。所以在日常生活中，小凤对于冒险的事情都不太愿意去尝试，选择做的事情都是自己比较有把握的。到了小学一年级，小凤学写字，要求自己每一个字都写得像书本上那样好，写不好时就擦掉。有时候反复擦，作业本都被擦破了，但是擦破了她又会担心老师批评，急得直哭，爸爸妈妈忙去哄她。小凤在写字上确实做得不错，经常因为字写得漂亮得到老师的表扬，就是写字写得慢，花的时间也比较多。小凤升入三年级后，她除了写字慢，写作文也很慢，有时候考试作文来不及写，因为她会纠结表达的准确性，语文成绩因此就下降了不少。小凤每次拿到语文试卷，就会特别伤心。爸爸妈妈即使不满，也会耐心地告诉小凤："你只要写快一点将作文写完整了，成绩也就不会这样了。"小凤听了会感觉好一点，但是考试的时候还是会忍不住想要把字写好，进而影响考试进度。爸爸妈妈自我感觉是一个"差不多"父母，但小凤好像和他们很不一样，平时他们不断给小凤灌输"差不多就行"的思想，但好像效果不那么明显。有时候还会因为小凤太要好，爸爸妈妈劝说无果而发火。爸爸妈妈觉得很无奈，小凤的"完美主义"该怎么办呢？

故事分析

故事中的小凤对自己要求很高，总是追求完美，那么，是哪些因素导致了她追求完美的呢?

1. 小凤在画画、写字等方面呈现出要做到绝对完美的倾向,不太能忍受达不到自我要求的结果。通常这类孩子都会把相应的事情做好,甚至会做得比预期的要好很多。如果外界在其做得好时的反馈是表扬、赞美,他们就会在处理一些事情时延续要求完美的特点;如果做得不够好时,外界的反馈是批评的话,他们会觉得是自己做得不够好而要求自己坚持完美。这样就会让小凤和类似的孩子害怕失败,同时还会伴随焦虑的情绪。

2. 小凤先天的个性会导致她对某些事物的准确性、秩序感有高要求。尤其是在她感受到焦虑和不确定时,这种倾向就会更加明显。这就会阻碍小凤对事物整体性的把握,导致她做事情容易卡住,从而她会体验到强烈的挫败感,自尊会受到打击。此刻别人的建议和帮助她可能都不太听得进去,陷入自我不满、自我否定的困境中。

3. 父母和小凤是不一样的。父母的"差不多"特质,有时可能会让他们无法理解小凤的行为,即使作为父母他们会去安慰小凤,有时安慰无效就会发火。这样的反应,会让小凤内心对自我的不满增加,同时也会更加觉得孤独。

家教策略

当孩子总是追求完美的时候,父母该怎么办呢?

1. 在日常生活中,父母需要让孩子体验到"即使自己做得不好也会被接纳和被喜爱"的感受。尤其是在孩子失败的时候,允许孩子表达负面的情绪。父母在面对孩子的情绪时,平静和稳定的状态对孩子来说就是"我在这里,我愿意陪着你"。父母这么做也可以很好地向孩子示范,面对失败如何保持冷静。同时,不要着急让孩子立刻变得平静,可以持续关注孩子的状态。等孩子稳定一点,可以探讨失败带来的经验和收获,告诉孩子失败和错误也是生活中常有的,努力和尝试很重要,可以从中学习和获得成长。

2. 父母可以带领孩子练习多看事物的整体性，不让孩子陷入对细节的过度追求中。这样孩子做事情就不止有一个选择或一条路径，可以有很多不同的方式。这些方式不存在好坏，是可以在不同的情况下选择的不同方式。另外，还可以让孩子知道完成目标是第一位，做得好是第二位。如果能完成目标，不论结果如何，都是负责的表现，值得肯定和欣赏。在此基础上，再看自己做得如何，在自己能力范围内尽量做好即可，如果过度要求完美反而会影响自己的发挥。

3. 帮助孩子改变不合理的信念，将“必须”与“应该”等信念，改变为“如果”“如何”等信念。比如，我字写得比较好，而不是我的字必须写得好；我的作文如果怎么写会比较好，而不是我的作文必须表达准确；等等。通过改变孩子的不合理信念，让孩子在努力做好的同时不给自己太大压力，孩子就会变得松弛而灵动，这样孩子就能明白处处表现完美是没有必要的。

4. 父母可以培养孩子广泛的兴趣爱好，可以让孩子在生活中多加体验和感受，增加生活的情趣和提高热爱生活的能力，拓展孩子的认知，让孩子知道自己即使不完美，也可以很好地体验生活和享受生活。

孩子对什么都不感兴趣，怎么办

情景故事

男生小王上初中二年级，他的个头在班级里是中等，但是身材明显比同龄人胖很多。小王从小就长得白白胖胖的，招人喜欢，上了小学后，虽然还是胖胖的，但成绩很好，也有朋友一起玩。爸妈认为小王只是不爱运动，觉得等到发育了就好了。但是随着小王的年龄增长，他是长高了，但是依旧很胖，父母还发现他似乎对身边的很多人和事都没兴趣。爸妈邀请他一起去运动，他觉得累不愿意去；爸妈打开电视，邀请他一起看电视，他说不好看；

爸爸让他上网找人打游戏，他玩了玩，觉得没意思；爸妈约他去游乐场玩，他觉得人多、拥挤，不肯去。如果放假在家，小王就窝在自己的房间里，吃很多零食，看网络上的各种短视频。可要问他最喜欢看哪一类的短视频，他又说："没什么特别喜欢的。"在学校，他下课了就趴在桌子上睡觉，也不怎么和同学交流。面对这样的小王，父母开始有些担心。他们觉得小王从小就让父母很省心。小升初，小王通过择校进入了现在的重点初中。同班同学成绩都很好，小王初一的成绩也从小学时的年级前十降到了现在初中的两百多名。初二的小王似乎对生活各方面都缺乏兴趣。一次家庭聚会，表弟看着小王的新手机，羡慕地说："这手机好贵的，你爸妈怎么舍得给你买的？"小王听了，无所谓地说："还好吧。"现在爸妈不太关心他的学习成绩，他们更希望小王能有活力一些。但该从哪里下手，小王的爸爸妈妈一筹莫展。

故事分析

故事中的小王怎么了，父母该怎么办？

1. 小王对生活似乎没有热情。小王变化的关键点是他进入初中的第一年。初一的小王进入了一个学业竞争比较激烈的班级，他的成绩与排名下降得比较多。小王面对的不仅仅是成绩变化，还有从小学生到初中生的身份变化、学习要求的变化、校园环境的变化、老师们的教学风格和为人处世的变化……面对这诸多变化，不同的孩子适应的时间不同，适应的程度不同，这都是正常的。这对他的打击会比较大，而且到了初二，成绩都没有明显提升，这会让小王觉得没有希望，让他对生活没有任何热情。

2. 小王一直以来都不爱运动，胖胖的身体可能会让小王对自己的体型存在不满意，会对周围人的评价比较敏感，他的压力也会很大。而他缓解压力的方式就是吃东西。这样不运动又吃很多零食，就有可能会变得更不健康和更胖。压力不仅没有得到缓解，还可能带来对身体健康上的担忧，他可能就会陷入恶性循环中。

3. 父母关注到小王的变化，为他提供了运动、游戏、电视、游乐园等多种途径来引发兴趣，可见小王的父母是非常关心小王。但小王真正需要的是什么，他的父母可能并不了解，他们对孩子的心理支持是不够的。

4. 消极的生活态度，让他没有意志力去战胜困难，而且相当依赖别人的意见和帮助。当一个人因为长期遭受挫折而习惯了消极态度时，他会认为目前的问题是很难被改变的，也不相信自己有能力去解决问题。

家教策略

1. 父母要正视小王在进入初中后遇到的学业挫折。父母先肯定小王在这样的班级里能坚持学习是非常棒的，再和孩子一起面对学业上的问题，鼓励孩子说说学业上的困难，和孩子一起看看学业上能改善的部分是哪些，鼓励他在能改善的地方下功夫。同时，可以肯定他除学习外的其他优点，比如善良、耐心、肯动脑等。

2. 从小事情开始，让孩子做简单、清楚、容易完成的任务，而且持续去做。父母可以鼓励小王动起来，选择适合小王的运动，制定切实可行的运动计划，持续鼓励他，让他能坚持而不放弃。通过改变他的生活习惯，让他体验到改变的可能性。

孩子太要强，怎么办

情景故事

男孩小乐现在读一年级，就读于一所公立小学。他家庭条件一般，妈妈是聋哑人，但他性格外向、聪明好学、认真负责，事事勇争第一。跟同龄人比起来，小乐的表现让人刮目相看，学校老师常常表扬说：“小乐，真棒！”“今天，小乐字写得非常好看！我们要向小乐学习！”老师都很喜欢这个小学生，爸妈也觉得很有面子，到处夸赞孩子。然而开学两个月后，小乐慢慢发生了变化，学校老师也开始找爸妈，说小乐近期对表扬特别在意。如果老师表扬了其他同学而没表扬他，他就特别生气，上课噘着嘴，满脸不开心。爸妈在家也发现小乐变得不一样，在小区里和其他小朋友一起玩游戏，每轮都一定要赢，输了就会大发脾气，导致很多小朋友不愿意和他玩。小乐总觉得自己高人一等，在同学们面前盛气凌人，处理问题很是专制。如果其他同学不服从，经常用命令语气，粗暴态度，拍桌子、罚站等蛮横的行为，强迫别人服从，动不动就要威风，他没有发现同学和小区的朋友都不太愿意跟自己靠近。学校老师和爸爸多次找小乐沟通，告诉他可以好好和别人说话，输了也没关系之类的，依然没什么太大的作用。现在父母无比担忧这样好强的孩子，该怎么办呢？

故事分析

小乐由原来的聪明好学、广受欢迎、让父母引以为傲，变成现在的事事必须第一、人际交往能力大步退化、让父母很是担忧的状态，是什么原因导致的呢？

1. 学校老师的过度倚重。聪明、乖巧听话、成绩优异又能帮助老师管理班级的学生，在老师眼里简直是自带光环，自然做什么都是好的。小乐自上学以来，由于表现突出，深受学校老师的喜爱与信任，经常让他协助管理，而小乐也能很好胜任。每当小乐取得成绩就会得到老师的夸赞，频繁的夸赞让小乐产生了“我是最厉害的，其他人都应该比不上我”的错误自我认知，而这种认知又未得到及时的疏导。

2. 家庭教育不当。乖巧听话又成绩优异的孩子带给父母很多“面子”。可能是因为父母不经意间给了他们这样的暗示，即孩子表现好了就高兴，表现不好了就不高兴，以成败论犒赏。久而久之，就让孩子形成了一定错觉：爸爸妈妈只喜欢强胜的我，如果输给了其他人，他们就可能不喜欢我了。

3. 小乐对自我的认知出现了偏差。孩子在自我意识发展到一定水平之后，会逐渐喜欢在有意无意的横向比较中确认自己的本事和价值，这就是竞争意识的来源。所以，"好胜心"对于这个时期的孩子来说，应该说是一种本能，未必具有道德层面的意义。小乐这个年龄阶段的孩子通常以旁人眼光来定义自己，旁人不断夸赞让他产生了片面的自我认知。

4. 自卑的过度补偿。小乐的家庭条件一般，妈妈又是聋哑人，他可能会感到自卑。小乐因此会很努力，对于老师的表扬和输赢都会更在意，也缺乏对他人的考虑和理解。这些都是小乐无意识中处理自卑的行为，他表现出骄傲自大、争强好胜、一副瞧不起其他同学的样子，其实是因为他内心过于自卑。

家教策略

故事中小乐爸妈的困惑，也是不少父母会遇到的困惑。那么当孩子过于要强时，父母应该怎么应对呢？

1. 调整自我认知。父母需要认识到好胜行为在某个年龄阶段的合理性，在接受孩子好胜的同时对孩子进行适当的引导，让孩子的好胜心向着健康的方向发展。

2. 注重自我反思。父母在日常生活中跟孩子互动时，留意自己的行为反应，不要过分在意他们的输赢，更不要炫耀自己的孩子，否则就可能"逼"出一个好胜的孩子。

3. 正确的认知引导。如果孩子已经出现了过分好胜的习惯，正确的做法并不是禁止孩子竞争，而是让孩子明白失败了并不是一无是处。比如，孩子和别人玩"扳手劲"失败了，父母可以这样安慰他："虽然你的手劲不如他大，但在扳手劲的时候特别用力！"久而久之，孩子就会明白，每个人都有自己的强项和弱项，不可能事事都比别人做得好，只要自己努力了，不论成败，自己都是父母最爱的那个小孩。

4. 创造教育契机。在日常生活中，父母还可以有意创造一些教育契机。比如，在跟孩子比赛时故意输掉，然后学着孩子的样子生气地罢工，并说些“输了，不玩了，真没劲”之类的话，根据孩子的反应来决定要不要继续玩下去。父母可以和孩子一起观看体育比赛，看看在比赛中输了的人会是什么反应，并以此为契机，和孩子讨论怎样欣赏别人，以及欣赏别人会给自己带来什么。父母还可以和孩子一起看与其年龄相匹配的、关于失败的书籍或影片等，学习别人如何面对失败。久而久之，孩子就会明白，最重要的是游戏或比赛的过程中的体验，或交往过程的快乐，而不是一定要分出强弱、胜负这个结果。

爱之有“度”，严之有“格”。必要时，父母甚至可以淡化对孩子成功成绩的反应，强化对他“输得起”行为的肯定。当然，父母要做的就是把握好尺度，协助孩子更好地成长。

孩子爱说谎，怎么办

情景故事

女孩小颜上初中二年级，目前就读于县城一所不错的中学，成绩中等。最近一段时间她开始有严重的撒谎行为。小颜从小在农村长大，幼儿园和小学都在农村就读，与父母、爷爷奶奶一直生活在一起，从小生活得无忧无虑，学习努力，诚实善良。她小学成绩十分优异，经过努力学习，小颜考上了县城一所不错的初中。爸妈因为在农村工作，于是在县城租了一个房子，让奶奶陪着小颜到县城读书。奶奶怕小颜被别人带坏，平时要求她放学了就回家写作业，不要在外面和同学玩。每半个月，奶奶会带着她回家一次。

初一时小颜成绩还不错，但到了初二，随着学习内容变得越来越难，小颜的成绩也有所下降，成绩也变成了中等。小颜每次回家，爸爸见面第一句话就是问她最近学习怎么样、考试成绩怎么样之类的。因为爸爸的两个好朋友，他们的孩子从小在县城读书，成绩一直很优异。爸爸经常对小颜说："你看吴叔叔家的孩子，又考了满分。""爸爸妈妈本来可以去大城市打工，挣更多的钱，但为了不让你成为留守儿童，我们俩就留在了农村。""只要你安心学习，家里什么你都不用操心，什么活都不用你干。"小颜看书或看电视时，爸爸就会在旁边一直强调"万般皆下品，唯有读书高"之类的话，试图激发小颜的学习动力。但小颜听到了，就感到"压力山大"。有时候村上的人遇到小颜，问她的成绩，爸爸就"谦虚"地说："还好还好，也就前十名。"但实际上，小颜的成绩并没有那么好。

有一次小颜考了第二十九名，但为了让爸爸高兴，她告诉爸爸自己考了第十一名，以为这样爸爸就会开心，能表扬一下自己。结果爸爸严厉地指责小颜没考进前十名，让自己很丢脸。小颜从此以后开始更严重地撒谎，有时还会告诉爸爸自己考了前五名，这种时候爸爸就会高兴。后来小颜也会骗奶奶，说自己去学校学习了，其实是去同学家玩了。几个月后，小颜的爸爸无意中发现了小颜的撒谎行为，十分愤怒，但是每次批评小颜时，小颜就低头沉默。爸爸想不明白，自己的孩子去县城读书怎么就变成这样了呢？

故事分析

小颜的变化发生在读初二时，诚实努力的她成绩开始下降，还经常撒谎，用沉默应对爸爸的批评和指责。哪些原因导致了小颜有这么大的变化呢？

1. 爸爸的高期待给小颜造成太多压力。爸爸期待小颜的学习成绩拔尖，小颜无法达到要求后不敢如实地告诉爸爸，就只能选择说谎。

2. 家人对小颜缺乏关爱。家人只关心小颜的学习，对小颜的生活状态和心理变化不关心、不了解，对正值青春期的小颜正当的人际交往也一味地打压。小颜认为父母根本不懂自己、不爱自己，所以开始了逆反和欺骗。

3. 严厉的教养方式造成了小颜的恐惧。爸爸经常强调自己的付出，让小颜有愧疚感；还经常拿小颜和别的孩子做对比，导致了小颜的敏感自卑。小颜不敢辜负父母，于是选择撒谎逃避批评和指责。

4. 小颜的撒谎行为受家人影响。爸爸平时与人相处时，常撒谎且不以为然，小颜刚开始就会觉得撒谎应该也没什么。

家教策略

故事中小颜爸爸的困惑与无奈是很多父母都会遇到的。如果孩子撒谎时，父母能积极、科学地面对，也许就能换回孩子的诚实对待。

1. 多关爱孩子，及时了解孩子的心理变化。很多父母平时不关心孩子，或者只关心孩子的学习成绩，导致自己对孩子的了解很片面甚至完全不了解，孩子也会觉得父母不关心、不懂自己，亲子关系变得越来越差。父母要多关心孩子的生活状态和心理变化，平时多与孩子谈心，多倾听、多观察，帮助孩子增强安全感的同时也能更容易发现孩子特定时期微妙的心理变化与情绪波动，有助于及时对孩子进行支持和教育。

2. 分析孩子的说谎动机，对症下药。孩子撒谎背后都有对某一种坏结果的恐惧和对某一种美好的期望，比如小颜撒谎是因为不希望自己被贬低、批评，想要得到父亲的支持和认可。父母发现孩子撒谎，应该冷静下来了解孩子撒谎的具体原因，然后有针对性地给孩子提供帮助和支持，孩子才能纠正撒谎的坏习惯。

3. 切忌批评指责，耐心引导教育。很多父母发现孩子说谎以后会非常生气，对孩子进行狠狠地批评甚至打骂。这样做往往适得其反，不但不能制止孩子的撒谎行为，还会使亲子关系破裂。父母应该管理好自己的情绪，冷静后耐心地与孩子沟通，引导孩子认识说谎的危害性：说谎得到的只是自欺欺人的短暂快乐，而失去的却是父母、老师、同学等的信任，还可能遭到人们的斥责。

4. 给予孩子更多宽容与关爱。有些父母发现孩子撒谎后一直记在心里,还时不时把孩子撒谎的事拿出来说一说,这样会让孩子越来越自卑。父母教育孩子时,言语中要多透露对孩子的宽容和关爱,在孩子承认说谎不对并表示会改正后,父母应当相信她会改正,会成为一个大家喜欢的、诚实的人。孩子受到鼓舞后更容易养成诚实的好习惯。

5. 父母要以身作则,成为孩子的榜样。平时的生活中,许多父母出于各种原因会说谎,这在无形中影响到孩子的言行。父母自己做一个诚信的人,孩子自然会从父母身上学习到诚信的品质。

适应篇

在心理学中，适应涉及从一个环境进入另一个环境获得心理平衡的过程。比如，在面对小升初的时候，孩子需要适应初中生的身份和生活；在从假期过渡到开学时，孩子需要适应开学后紧张而忙碌的学习生活；等等。可以说，适应存在于生活的方方面面，并且适应能力是心理健康的重要指标之一。假如孩子没有能够成功地适应生活中的变动，那么孩子会产生比较消极的、无助的情绪，这对孩子的身心成长是不利的。

对于儿童和青少年来说，他们需要掌握基本的生活技能，学会适应环境；也要进行角色适应，做好自我管理和规划；更要面对生活中的变动，做好身心准备。著名的儿童心理学家皮亚杰认为，根据自我和环境的变化，人能够调节自己。可以通过改变自己以适应环境，也可以通过将环境的变化纳入自我体系中，达到自己和环境的动态平衡。这是适应的过程，也是心理发展的本质原因。

在本章节中，我们聚焦儿童和青少年可能在学习和生活中面临的适应问题，尝试为父母提供教育思路和教育建议。

1. 学习中的适应问题。孩子每进入一个新的学习阶段，都会面临新的适应问题。父母需要关注幼儿园升入小学、小学升入初中以及初中升入高中这几个关键的时间节点，观察孩子是否有适应方面的困难，并从孩子的角度理解和支持孩子，帮助他们更好地适应新阶段的学习。比如，在升入一年级后，孩子可能会拒绝上学，到学校门口不愿意进去；在升入初中后，孩子可能会不适应初中生的身份，想要让父母转学；在初三阶段，孩子可能会有很大的升学压力，不知道如何处理这种压力；在高中阶段，面对繁多且复杂的课业任务，孩子可能不会管理时间，每次都要写到很晚才睡。这些问题都是孩子在日常的学习中可能会面临的适应问题。面对这些适应问题，父母切记不要操之过急，应该耐心一些，给孩子以适应的时间，陪伴孩子共同面对新的变化。本章节就上述问题为父母提供了教育的思路。

2. 生活中的适应问题。生活中的适应问题是很多父母都会忽略的部分。除了在学习及升学方面孩子可能会面临适应问题，在生活中，如果孩子要经历重大的变化，他的内心也会产生波动。比如，在国家实行“二胎”政策之后，父母生了二胎，孩子就要面临家庭成员的变动；在父母的感情不和，决定分开生活之后，孩子也要面临家庭生活的变化；等等。如果处理不当，这些变动可能会变成孩子在生活中遭遇的重要挫折事件。在这些变化之中，孩子需要学会以良好的心理弹性来应对挑战，那么父母也不应袖手旁观，而是应该站在孩子的角度，努力去帮助孩子在变化中寻找内心的安定。本章节也就上述问题为父母指明了教育方向。

孩子一到校门口就说肚子疼，怎么办

情景故事

小雅刚上一年级，刚开学的时候，每天都会开开心心地背着书包去上学，回家后状态也挺好的。但是，没多久，小雅早上刚起床就会说肚子疼。爸爸妈妈刚听到时没在意，但是小雅不仅说肚子疼，还真的会出现面色苍白、冒冷汗的表现，爸爸妈妈不放心就带她去医院检查。做了各种各样的检查，都显示她的身体没有任何问题，爸爸妈妈就觉得这孩子是不是不想上学才这样，于是坚持送她去学校。小雅在父母的要求下，一开始也能进入学校，入校后父母也没有对老师提及肚子疼的情况。

但是，慢慢地，小雅不仅在家说肚子疼，还会在校门口哭闹着不愿意进去。有一次还因为爸爸妈妈强制送她入校，她趁爸爸妈妈不注意，在校门口跑掉了。爸爸妈妈好不容易追上小雅，当天就没有送她入校。没上学的小雅在家一切表现都很正常，爸爸妈妈觉得很困惑，找老师了解小雅在学校的情况。老师反映她在学校还好，就是老师一批评她就会哭，有时还会哭得停不下来，现在老师都不怎么敢批评她。因为小雅从小是跟外公外婆生活在一起的，外公外婆很宠爱小雅，小雅要什么就给什么。如果不给，小雅只要一哭外公外婆就会妥协。直到上了小学，小雅才和父母生活在一起。而父母对小雅不像外公外婆那样，他们是有所要求的。当父母要求小雅，如写完作业才可以玩、不要一边吃东西一边写作业等，小雅会一边哭，一边让爸爸妈妈先让自己玩再写作业。爸爸妈妈不仅不同意她的要求，还会批评小雅无理取闹。小雅这么不愿意去学校，该怎么办呢?

故事分析

故事中的小雅上了一年级，会说肚子疼，在校门口不愿意进去。是什么原因导致小雅变成这样的呢?

1. 小雅从小由外公外婆抚养，而且外公外婆还非常宠爱小雅，对小雅几乎是有求必应，有可能让小雅养成了以自我为中心的个性。哭也许是小雅对外界表达不满的方式。在小雅小的时候，用哭的方式是非常有效的。但是，她在进入小学后，哭似乎就不太能起到作用了，反而会让父母批评她。

2. 孩子上了一年级，学校对孩子的要求比幼儿园时期多而且高，父母对孩子的要求也会多起来，孩子承受了来自学校和家庭的双重压力。父母将小雅接到身边养育的时间正好是小雅一年级的时候，在小雅早年陪伴的时间少，对于小雅的喜好、习惯等都不太了解。如果没有和小雅建立良好的信任和关爱的亲子关系，只是对她提出要求的话，小雅很难一下子做到。

3. 小雅不仅在学校经历了被批评，在家也会因为一些表现而被批评，同时又失去了外公外婆的支持（即使这种支持不利于小雅的成长），小雅个人的能力似乎不太能够支持她去面对这些困难，只能以身体的反应来表达。肚子疼和不愿上学是小雅发展出的应对困难的方式，也是小雅希望得到帮助的“声音”，是需要父母关注到并提供帮助的。

家教策略

如果遇到孩子说肚子疼不愿意上学之类的话，父母该怎么做呢？

1. 父母在面对小雅哭泣时，要注意区分小雅是用哭泣来达到某种目的，还是单纯的情绪表达。即使她是有目的的，父母也不要因为小雅哭泣的目的而去指责她。在小雅哭泣时，父母不要心烦意乱，应先尝试调整自己的情绪，冷静地告诉小雅，自己愿意陪着她，等她感觉比较好的时候再沟通，聊聊她想要说的和她遇到的困难，并告诉她自己很愿意帮忙。如果父母的在场只会让小雅哭得更加厉害，可以离开一会儿，但要在离开小雅前告诉她，现在是给她留一些时间自己去调整，只要她需要，父母随时都可以和她谈一谈。父母需要坚持的是让小雅知道自己的哭泣并不会让父母改变一些规则。

2. 父母在接手孩子养育的初期，是需要先和孩子建立信任关系的。比如，父母可以先了解小雅日常的喜好，如喜欢吃什么、做什么，在日常生活中做她喜欢吃的食物或陪她一起做她喜欢的事情。同时，父母也要了解孩子的脾气秉性，对孩子的个性了解较多，就知道孩子在什么样的情况下会哭、在什么样的情况下会比较配合。这样父母就会对孩子的反应有所预期和准备，不至于在孩子哭泣时自己被刺激到，进而反应过度，孩子也可能就不会出现不想去学校上学的想法和行为。

3. 在与孩子的相处中，父母要给予一些正向的肯定，肯定孩子的行为和表现，而不仅仅是关注做得很好的结果，如坚持写作业、坚持二十分钟没有吃零食、自己好好吃饭、在学校认真听讲等，这样孩子对于学习、学校更容易产生好的感受，也会更愿意去学校。父母还可以在家里和孩子一起商量，如果在学校被老师批评了，自己可以怎么样调整，让孩子对于批评可以有预期、有准备。

4. 如果前面三点父母都做了，孩子还是无法去学校，可能就需要专业人士的帮助。父母可以求助专业的咨询或治疗机构，及时处理孩子不上学的情况。

孩子刚上初一就要求转学，怎么办

情景故事

男生小尹刚刚升入初一两个月，就对父母提出想要转学的要求。父母问他什么原因，小尹就说自己不喜欢现在就读的学校，觉得在这里每天都有很多功课要完成。自己的好朋友也不在一个学校，而且好朋友就读的学校就没有自己这里压力大，小尹想要去好朋友就读的学校。小学时，小尹是在家门口的学区就读的，学校氛围宽松。小尹对学习很感兴趣，成绩很好，在学校也有很多的朋友，不仅在学校会一起玩耍，放学后在小区里也能约到好朋友一起玩。小升初的时候他参加区里非常有名的一所民办学校的摇号，没想到就摇上了，爸爸妈妈非常高兴，小尹也很高兴，一家人一致决定就读民办学校。

但是小尹上了初一后，就感到有些吃力。上课老师讲课会比较快，往往是小尹还没有消化和理解先前所学的知识，老师又开始讲新的内容。而同学们对老师讲的东西很快就能理解，同学之间的竞争比较厉害。学校的作业也比小学多多了，虽然爸爸妈妈也提前给小尹打过预防针，告诉他初中作业会较多，小尹也会花比较多的时间学习和写作业，在学校有的时候下课了也会忙着写作业，都没什么时间跟同学交流。小尹时常会觉得很辛苦，又很孤独。在最近的一次考试中，小尹考得很差。小尹觉得自己很努力了，但都没有效果。小尹回家就会变得沉默，不怎么和父母说话，经常把自己关在房间里，但在学习上不太积极，还产生想要去学区所属的初中就读的念头，因为好朋友在那儿，而且自己如果去了，成绩也许会和现在不一样。于是，小尹就不断要求爸爸妈妈给自己转学。爸爸妈妈面对小尹的请求，考虑过转学，但手续有些麻烦，而且小尹现在就读的中学在升学上有非常明显的优势，他们觉得就这样放弃了，很可惜。而小尹的表现也让爸爸妈妈很担心，到底该怎么选择呢？

故事分析

故事中的小尹刚上初一没多久，就要父母给他转学，这是什么原因呢？

1. 小尹在进入新学校前充满期待，在入校后很努力地适应学习节奏。但初中的学业压力较小学要大，即使他很努力也没有达到理想的效果。这和他小学的成绩形成了鲜明的对比，小尹原先的优势不复存在，因此学习的积极性就会降低，对自我的学习能力也产生了怀疑。再加上小尹在进入初中后，与以前的同伴不在一个学校，在新学校也没有关系较好的伙伴，这样小尹的同伴支持就没有了。他把原来很多玩耍的时间都用来学习，他的生活似乎只有学习了，没有太多愉快的体验。整体上小尹在进入初中后承受的压力比较大，消极的体验要大于积极的体验。

2. 小尹提出转学的要求，是用换学校的方式来缓解自己的压力和痛苦。故事中未见到任何小尹的求助行为，也可能出现过但被忽略了。小尹看上去是学业压力的问题，但是对他来说最困难的是什么、最有压力的是什么、最需要哪方面的帮助并不清晰。在小尹觉得很艰难的时候，他很难提出自已的需求，小尹的父母可能也不清楚，也就无法提供有效的帮助。

3. “好”学校对于学生的要求可能是高的，就小尹就读的新学校来说，教学进度快，同伴竞争激烈，这些都可能是压力，还可能存在其他未呈现的压力。孩子从原来没太大竞争压力的环境进入到竞争压力较大的环境，既需要他的自我调整与适应，也需要更多的理解与支持，甚至有人可以和他一起来面对学业上的困难、商讨解决办法等。家庭在孩子进入新的环境，尤其是压力较大的环境时，需要主动给予关注和帮助。

家教策略

孩子如果在入学没多久就和父母提出要转学，那么，父母该怎么办呢?

1. 父母可以告诉孩子，他们看到了这段时间他的努力，为融入新学校的付出，也能感受到他在这个学校的压力。同时要告诉孩子，如果在校遇到任何困难可以随时提出，父母都会陪着他一起去面对。

2. 父母需要主动关怀孩子，无论是生活上的照顾，还是稍微聊聊孩子感兴趣的事情。另外，父母还需要找机会，让孩子说说目前遇到了哪些学习上的困惑或困难，一起讨论可能的解决办法，如父母可以给予什么帮助、孩子自己可以做哪些调整。同时，父母可以与学校老师联系，了解孩子的在校状态，并了解初中的学业要求，把了解到的情况与孩子自己理解的进行核对，调整孩子的期待。

3. 鼓励孩子和小学好友保持联系，孩子可以了解好友现在就读学校的情况，询问好友对于新学校的适应是否也有同样或不同的困难，这样就可以彼此鼓励和支持。

4. 如果父母和孩子都做了很多努力，结果还是不尽人意，或是孩子的状态变得更让人担忧的话，就需要考虑孩子在什么样的环境中学习效果会比较好，而不是一味地坚持待在公认的比较好的学校。

孩子不会进行时间管理，怎么办

情景故事

女生小婉上高一，半学期下来，还是不太适应高中的学习。小学、初中的时候，老师布置什么，她做什么，父母没有要求她参加任何补习班，也没有要求她做任何额外的作业，但她的学习成绩一直都不错。但是上了高中后，每天都有不少需要背诵的内容。像思想政治和历史科目，不仅需要花比初中更多的时间去读背，很多时候背完还会忘了。每天需要完成的作业也不少。小婉在学校一般不太能完成作业，然后会把没有做完的作业带回家做，但是回家之后她会说很累，爸爸妈妈听到了就会让她休息一会儿。可是小婉一旦睡着了，没有一两个小时是起不来的。等她起来就已经很晚了，再去写作业，一般都要写到十二点左右，有时还要到凌晨一两点。因为睡得少，早上她起床也困难重重，在学校上课的时候，还会因为睡眠不足而瞌睡，老师讲的有些知识点就会错过，下课了她又得找同学借笔记、补抄笔记，这些都会影响她的学习。爸爸妈妈看到小婉每天都很疲惫，他们很是心疼，也试着跟小婉说，回来休息一下，不要睡着，这样早点写完作业就可以早点睡觉，晚上睡得多一些，早上起床也不会太累，不会影响听课。小婉听了，表示自己会调整，但一直也没什么改变。现在爸爸妈妈有些束手无策，不知道怎样才能让小婉学会时间管理。

故事分析

故事中的小婉每次写作业都写到很晚才睡觉，是哪些原因导致她变成这样的呢？

1. 故事中呈现出来的问题是小婉在时间分配上有问题，但其实是小婉对于学习的把控和调整上有困难。她进入高中后还是延续初中的学习习惯:跟着老师的节奏和要求走。但现实的情况是高中的学业难度相对于初中来说增加了许多,小婉只是去跟随的话就会比较吃力,而且学习起来就很难有重点,也无法对自己学习上的问题有清晰的认识和处理。

2. 当小婉用比较多的时间去应对学业上的任务时,她就会感到很辛苦、很疲惫。因为她很难去体会到学习本身带来的成就感和满足感,而这些良好的感觉是可以去抵消一部分辛苦和疲惫的感觉,也能更好地支撑她继续学习。

3. 小学和初中时,小婉因为学业任务不多,并在其能力范围内,跟随不是问题。但是在高中,任务多、压力大,小婉就需要学会去区分什么是最紧急的、什么是最重要的、什么是自己能力范围内的、什么是完全超出自己能力的。学会了区分才能在有限的时间内选择做相应的事情,而不是"眉毛胡子一把抓",什么都要做。

4. 父母能够意识到小婉的问题,也给予了建议,但是给的建议更像要求。如果没有具体讨论建议怎么实施、实施过程中可能遇到的困难及应对建议就会无法顺利执行。而小婉和父母也都会因为小婉的做不到而感到失望,既影响小婉对自我的评价,也会影响父母对小婉的主观感受。

家教策略

那么,面对孩子每晚写作业到很晚的情况,父母该怎么办呢?

1. 父母首先要能评估孩子的学业现状。父母要了解孩子对自己现在的学业认知是什么样的,高一的孩子是有能力去观察和思考自己现状的。父母如果对小婉的学业情况了解得多,就会更知道她需要的具体支持和帮助是什么,孩子也能在和父母的沟通中,感受到父母对自己的关注。

2. 父母和孩子一起讨论关于孩子学习的具体安排。父母可以询问孩子是怎么安排她的学习的,引导孩子思考哪些是需要紧急完成的、重要的作业,哪些是重要但不那么紧急的作业;还可以建议孩子,如果有时间可以反思一下学习上的困难,有哪些可以通过多读背或多练习掌握,有哪些可能需要一些时间的积淀才能更好地理解，对于一些超出自己能力范围的学习可以等等再处理，允许自己有些事情做不到。这样孩子就能有的放矢地做好当前需要做的事情。

3. 父母指导孩子把握好休息时间。如果孩子能明显感觉到自己有休息的需求，而且会去好好休息，父母也能给予足够理解和支持。但是在有限的时间里，如何让孩子休息得更好呢？父母可以告诉小婉用十五分钟休息法，即一般在学习三至四小时后，人都会有些疲劳，如果有休息的时间段，就给自己十五到二十分钟的时间进行短暂休息，可以睡一会，可以冥想，也可以眺望绿树或远方，让自己的大脑放松，用这样间断式的休息来进行自我调整，而不是等到很累了才去休息。这样的习惯可以慢慢养成，一开始做不到也不需要自责，等熟练之后可以根据自己的节奏进行休息。

孩子高三压力大，怎么办

情景故事

男生小清读高三，一直都活泼开朗。但是上了高三之后，他明显感受到了压力。老师会在班上不停地说："你们马上就要高考了，现在要抓紧时间好好复习。"同学们从原来课间打打闹闹或聊天的状态，变成下课后要么写作业、要么就趴着睡觉，整个教室都很沉闷和压抑。回家之后，小清还需要再完成一些学业上的任务。以前，他每天都会和爸爸妈妈聊天，但现在他都没有时间了。有时候爸爸妈妈想要找小清聊，可一看到他在埋头写作业，他们就会悄悄地回到自己的房间，不去打扰小清。实际上小清也挺想要和爸爸妈妈说说高三的苦恼，每次看到爸爸妈妈心疼的眼神和欲言又止的样子，就不好意思再去找他们抱怨了。小清有时候会找不在一个班上的好朋友聊一聊，但是好朋友聊了没几句就说要去写作业，小清也只能继续去学习。小清觉得自己生活得一点乐趣都没有，学习上好像也没什么动力。渐渐地，小清变得无精打采。爸爸妈妈看到小清这样很着急，又担心和小清说他的情况，小清会更有压力。到底该怎么帮助小清减轻压力呢？

故事分析

故事中的小清上了高三后压力变得很大，原因有哪些呢？

1. 在小清读高三前，一家人都会每天在一起聊聊天。进入高三后，面临高考，小清压力比以前大了。父母看到小清的变化，理解和心疼他，小清对此也能感受到，并且他们彼此都以不打扰、不添麻烦的方式去关爱对方。从这里可以看到亲子之间有很好的情感。但是，这样不打扰孩子的方式反而阻碍了亲子之间的交流和联结，也会让孩子感觉自己生活在“一座孤岛”。

2. 高三是孩子人生中重要的学习阶段，老师往往会频繁提醒同学重视学习。这样一来，班级氛围可能会有所改变，班级会从原来的松散状态变得紧张，还充满竞争性。班级氛围改变了，小清很敏感，能够感受到。面对新的班级氛围，小清可能需要更长的时间去适应，而压力在无形中也会让小清感到焦虑不安。很多孩子会用一些自己的方式缓解压力。在无法对父母开口的情况下，小清选择了去找好朋友聊一聊，但因为好友也面临同样的学业压力，无法实现。

3. 到了高三后，小清似乎以非常被动的方式接受了高三的学业要求，好像他就变成了“学习机器”。这会让他的主动性受到影响，失控的感受也会让他变得无力和无奈。其实只要打破这样的感受，他就会重新有主动感和控制感，进而在学业上变得更积极。

家教策略

上高三的孩子学习压力很大，那么父母该怎么办呢？

1. 家庭状态的稳定对高三的孩子来说很重要。但是，父母和高三的孩子沟通不需要太谨慎小心，这样只会让孩子感受到压力。父母可以直接询问孩子是否需要聊一聊，如果孩子需要，就可以让亲子之间维系以往的聊天习惯。当看到孩子出现疲劳状态时，父母可以对孩子说："要不要先放松一会儿再学习？"父母以这样的方式和孩子沟通，孩子既能感受到父母对他的理解、心疼和关爱，也可以有一个表达或放松的通道，这个通道可以一直向他敞开，他会变得放松和更有动力。

2. 父母可以支持孩子保持部分以往的爱好，这些爱好是以适应目前高三节奏为前提保留的。这样孩子就不会觉得整个生活和学习都在被迫以高考为唯一目标而被牺牲。同时，他在做自己感兴趣的事情时也会得到放松和休息。

3. 父母可以指导孩子学会沟通和寻求支持。故事中的小清缓解压力的方式是沟通，既有亲子沟通，也有同伴沟通。父母还可以鼓励小清去寻找其他的沟通对象，如信任的老师、专业的青少年咨询热线等。这样，孩子就会有多种选择，也会获得更多的支持和理解。

4. 父母可以指导孩子进行生涯规划。父母首先鼓励孩子了解自己的学业情况，根据实际情况制定相应的、可实现的目标；同时，鼓励孩子将"要求我要好好复习"变为"我自己想要怎么去学习和复习"。这样，孩子就可以在这个过程中体会到自己的掌控感，获得信心。如果孩子在学习过程中遇到了不顺利，父母要及时陪伴在旁，告诉孩子这都是正常的现象，少一些指责，多一些鼓励，这样有助于孩子持续保持学习信心和情绪稳定。

孩子花很多时间追星，怎么办

情景故事

女生小馨现在上初二，小学成绩还不错，但是上了初中，成绩就下降了很多。但是小馨毫不在意，因为她从六年级开始就迷恋上了一个明星，不仅房间里贴满了明星的海报和照片，房间的桌上摆放着明星封面的笔记本、笔筒、马克杯、周边等。平时只要写完作业，就打开电视看明星参演的电视剧、综艺，即使看过很多遍还是会一遍遍地去刷视频，边看边笑。有时候还会跟爸爸妈妈拿手机，看各种剪辑的视频，不停地刷超话、看粉丝群发布的各种信息。寒暑假如果明星参加一些活动需要打榜，小馨还会熬夜在网络上打榜和应援。日常生活中，如果明星代言了什么产品，小馨就会把自己攒的钱拿去买。如果代言的产品价格比较高，她就会软磨硬泡地让爸爸妈妈去买。要是爸爸妈妈不同意，她还会生气。小馨在学校聊天的对象就是喜欢同一明星的同学，一下课就会和同学一起聊明星。有时候其他同学说这位明星的不好，小馨就会很生气，有一次还和对方吵了起来。在家里爸爸妈妈对小馨说："如果你把追星的精力花在学习上，你的成绩就不至于是这个样子了。"小馨听了就像没听见一样，依旧看自己的视频。爸爸妈妈觉得小馨完全痴迷于追星，这样完全没法学习，马上要上初三了，再这样下去，无论如何也考不上高中。怎么才能让小馨理智追星呢？

故事分析

故事中的小馨花了很多时间追星，引起了父母的担忧。那么，哪些原因导致了小馨追星呢？

1. 小馨的追星看上去是迷恋，其实是她把自己的期待和梦想投射到了明星身上，即明星在某种程度上代表了小馨的理想化自我。这种理想中的自我拥有光鲜的外表、时尚的穿着、有趣的谈吐、满满的才华、被很多人喜爱、丰富的生活和体验等。这是青少年心理发展过程中的一种过渡性行为，是青少年了解自我和确定自我、构建自我的过程。正如撒贝宁所说："追星就是在追你自己，你其实是在为自己设计一个理想中生活的人设、状态、目标，其实最终追的是自己的影子。现实生活不太完美，但是不妨碍我们去幻想、设计，最终是希望自己像偶像一样优秀和被爱。"

2. 现实的初中生，每天需要花大量时间学习，有许多的作业要完成。而且在校学生很多时候被要求穿校服、遵守校纪校规，还需要应对各种不如意、不顺利。而明星可以让这样枯燥的生活变得不一样，好像喜欢明星就可以让自己的生活变得更多彩，感受和体验性也丰富了很多。

3. 小馨的追星让她和父母、同伴的交往和谈论的内容变得狭隘，仿佛小馨的生活中最重要的是明星，学习变成了次要的。如果持续这样下去，小馨会让自己陷入一个幻想的泡沫中，忘记了生活本来的样子，也会和家人、同伴的距离越来越远。

家教策略

如果孩子花很多时间追星，那么父母该怎么办呢？

1. 父母可以找孩子了解她喜欢的明星有哪些、喜欢的是对方哪些优秀品质和人格魅力，这些品质和魅力中有哪些是明星先天就有的、哪些是明星通过努力所获得的，这个明星是怎么成为今天的样子的……关于这些，父母可以邀请孩子一起分析。这样亲子之间的话题就有了，也能更了解孩子喜欢和欣赏的到底是什么。孩子看到父母的态度，也许就能敞开心扉了。在这样的沟通过程中，父母要避免评价和提出要求。

2. 父母可以通过引导，把付出时间、精力和金钱的单向追星，变为让孩子找到自己的能力或擅长点的技能追星。如果明星唱歌好听，孩子喜欢唱歌，就鼓励她在唱歌上多花时间；如果明星演戏较多，可以鼓励孩子去观察明星的表演在每部影视作品中的变化；如果明星很会穿搭，可以鼓励孩子研究各种穿搭，自己给明星设计穿搭等。这些都是孩子对自己能力的探索和发展。

3. 鼓励孩子把明星当作镜子，看到自己和现实的不完美，坚持追求自己的理想，成为自己想要成为的样子，为自己的未来进行设计，和自己喜欢的明星一起成长。同时，可以建议孩子尽量少参与“饭圈”或者一些群体的活动，这样才不会被一些言论或观点所裹挟，能用自己的方式去喜欢自己喜欢的明星。

4. 父母要有自己的坚持，尤其是在孩子追星这件事情上，不能无节制地满足孩子追星的要求。父母要提前告诉孩子自己的立场，如不影响学业和正常生活等，即使是孩子表现好，给予奖励也要节制。父母可以告诉孩子追星始于颜值、限于才华、忠于人品。

孩子不愿整理房间，怎么办

情景故事

男生小杰上小学四年级，聪明好学，成绩优秀，平时爱看书、爱思考，也爱动手做各种东西。小杰的爸爸妈妈经常能收到一些询问，他们是怎么把小杰养得这么好的。他们能感受到其他父母的羡慕，但好像也没法说出什么经验。小杰的爸爸妈妈工作比较忙，家里也没其他人帮忙带孩子。他们没时间陪小杰的时候就会丢一本书给他打发时间，没想到养成了他看书的习惯。平时学业上的事情也不怎么管他，都是小杰自己做。特别忙的时候，比如加班，爸爸妈妈会给在家的小杰点外卖，小杰就一个人自己吃饭，自己照顾自己。小杰似乎各方面都不太需要父母操心，这让他们感到很欣慰。但是爸爸妈妈还是有一个苦恼：小杰不会收拾房间。他的房间这里扔着一本书，那里扔了一个玩具，有时候床上还有没吃完的零食，书桌上堆着各种书和本子。每次写作业，他就把书桌上的东西移到床上，等写完了再把床上的东西移到书桌上。整个房间看上去总是乱七八糟的，偶尔妈妈看不下去了会帮忙收拾一下。可是没多久，他的房间又变得乱糟糟的。爸爸妈妈觉得帮忙也不是办法，于是每逢周末，他们就会让小杰收拾房间。小杰嘴上答应得很好，但眼睛却一直盯着课外书，直到晚上房间还是那样。爸爸妈妈为此会说小杰，小杰听了就把东西胡乱地塞在一起，说收拾好了。他们看到了又好笑又好气，但是也拿他没办法。到底怎么做才能让小杰养成定期收拾东西的习惯呢？

故事分析

父母都喜欢孩子将自己的房间收拾得整洁干净，可是故事中的小杰总是不喜欢收拾自己的房间，怎么会这样呢？

1. 在家庭中，父母经常因为孩子不好好整理和收拾房间而生气，但是孩子很多时候就会觉得自己的房间不乱，认为没有必要而拒绝收拾。为什么同样的房间状态，父母和孩子的感受会不一样呢？当孩子被自己喜欢的事物包围的时候，他们会感到安全、满足，而父母更在意的是秩序和整洁。所以，父母会要求孩子去收拾，而孩子却很乐意将喜爱的事物放得到处都是。

2. 父母如果之前没有教过孩子整理、分类等收纳方式，只是对孩子提出收纳的要求，那么越小的孩子执行起来就越困难，甚至会想办法拖延、不去做。父母看到就会很恼火，继而有可能用批评、指责的方式表达自己的不满，影响亲子之间的关系。

3. 故事中的小杰父母工作忙碌，父母照顾他的时间很有限，家庭又没有其他人可以照顾小杰，小杰可能需要爸爸妈妈的陪伴。在学习和生活方面，他几乎不用父母操心。收拾房间或许是他期待和父母一起做的事情，如果父母意识到，也许它就变成全家一起的亲子活动。

家教策略

如果孩子不喜欢整理自己的房间，父母该怎么办呢？

1. 父母要做好榜样示范。在家庭关系中，成员之间是会互相影响的。父母对孩子最好的教育，就是言传身教。父母在日常的家庭生活中，可以以自己的行为示范，尽量做到东西用完放回原位，定期收拾和整理，让孩子在家庭中看到父母是这样去生活的，在无形中潜移默化地影响孩子，让他知道自己用过的东西要收拾。

2. 父母可以培养孩子收拾整理的好习惯。如果想要让孩子收拾房间，之前又一直没有教过孩子怎样收拾房间，那么父母可以先带着孩子一起收拾整理，引导孩子把物品按他理解的类别分类，根据使用的频率、喜爱的程度等放到他觉得方便或喜欢的地方。在这个过程中，父母可以适当给些建议，让孩子学会整理和收纳的方法，再慢慢放手让孩子养成定期收拾房间的习惯。

3. 当孩子养成收拾和整理的习惯之后，父母只需要督促孩子去做，即使喊了几次没有行动，父母也不能代替他做，这样可以很好地训练孩子单独收拾房间的能力。当孩子不愿意收拾的时候，父母要稳定情绪，耐心询问原因，并鼓励他坚持收拾。

4. 父母可以采取一定的奖惩措施。如果孩子有了自觉收拾房间的好习惯，父母要及时给予鼓励，可以是口头的肯定，也可以给予相应的物质奖励；如果孩子持续不收拾房间，父母也可以给予适当处罚，如取消周末看电视等。

孩子老和妹妹斤斤计较，怎么办

情景故事

男生小多上小学二年级，从小比较安静。幼儿园的时候，他的很多同学都有了弟弟或者妹妹，小多回家就会让爸爸妈妈也给自己生一个弟弟或者妹妹。小多一年级的时候，妈妈生了一个妹妹。小多特别开心，每天回家都主动照顾妹妹，不仅帮忙拿尿不湿，还跟着妈妈学会了给妹妹做被动操，妈妈觉得小多特别懂事。但是随着妹妹长大，尤其是妹妹会走路、会拿东西后，小多的东西开始会被妹妹弄坏。如果小多生气，家里人就会说："妹妹弄坏的是你都不怎么玩的东西，这有什么关系。"小多吃东西的时候，妹妹会要。他有时候不想给，妹妹就会号啕大哭。家里人又会对小多说："你是哥哥，让一让妹妹，就给妹妹好了。"小多听了就很生气，他不再像小时候那样喜欢妹妹，有时候还会故意作弄妹妹。一旦妹妹哭着去找家人，小多就先发制人，说："是妹妹先弄我的。"有时候小多还会跟家人抱怨，说大家只关心妹妹、只对妹妹笑、妹妹要什么都会给，对自己就会说"作业做了吗""字写好看一点""不要一直看电视"。一家人就觉得小多怎么就长不大，老和妹妹斤斤计较？

故事分析

1. 在二胎家庭中，老大从独生子女的状态变为多子女中的老大，从以他为中心转移到以小为中心，免不了会有失落、嫉妒、委屈等感受。故事中的小多也同样在经历这样的过程及感受。这些感受如果不能被关注到，老大就会出现状况。

2. 父母在面对手足竞争时，会倾向于去保护年幼的孩子，这是人的天性，但这么做并不利于两个孩子的成长。如果持续这么做，老大只会感受到家人的要求，而无法感受到家人的理解和关爱，甚至会觉得家人偏心，亲子关系会越来越疏远；老二也会以为哭就能解决问题，做错事情不承担责任，养成逃避问题的习惯。

3. 即使是家里的老大，无论他比老二大多少岁，在他的内心依旧需要家人的关心、照顾和某些时刻独一无二的爱。

家教策略

1. 父母需要反思自己在管教的时候是否公平，是否无形中挑起了两个孩子的矛盾，是否为了暂时的安静而简单粗暴地解决问题。父母的反思对于调整亲子关系和处理同胞竞争是非常重要的。在二胎家庭中，要求绝对的公平是不太可能的。父母可以考虑在哪些时刻向老大倾斜，哪些时刻向老二倾斜，哪些时刻可以把问题扔给两个孩子自己解决。如果在某些时刻处理得不那么恰当，可以在事后去弥补与修复。

2. 允许孩子在家庭中表达嫉妒、委屈、不满等情绪。父母对孩子情绪的理解和接纳，有助于孩子对自我情绪的接纳，也能让孩子感到被关注和被理解，因为嫉妒、委屈、不满等情绪带来的攻击性行为可能就会有所下降。同时，父母还要在家庭中强调哪些行为是不被允许的。如果有这些行为可能的后果及惩罚是什么，也需要明确地告诉孩子。这样孩子就知道在某些被激怒的时候，需要克制自己的行为，克制不了就需要承担相应的后果。

3. 父母在两个孩子发生矛盾的时候，不急着去阻止矛盾，保持关注，并在发生有危害身体的攻击行为时介入。如果两个孩子都能很好地表达，允许他们诉说事件过程，鼓励他们表达自己的内心需要和对对方的期待，邀请他们彼此协商。

4. 日常生活中，父母要肯定孩子的关爱行为、合作行为，避免在孩子失控的时候给他贴标签，尤其是带有评价性的负面标签，如不听话、太自私之类。同时，父母也可以跟孩子一起去看老大、老二的不一样，引导他们面对彼此的差异，并学会彼此适应。

如何养育特殊需要的儿童青少年

注意力缺陷多动障碍孩子的养育

一、注意力缺陷多动障碍（ADHD）定义及表现

ADHD是儿童期常见的一类心理障碍。主要表现为与年龄和发育水平不相称的注意力不集中和注意时间短暂、活动过度和冲动，常伴有学习困难、品行障碍和适应不良。

它的三大核心症状分别是注意力不集中、多动、冲动。注意力不集中可以理解为难以调节注意力，缺乏将注意力指向某一任务而屏蔽外界刺激因素的能力。冲动可以理解为抑制能力不足，不能根据环境需要调整冲动程度。而多动更多时候会被认为是一种问题行为，但其实是ADHD孩子尝试自我调节的一种方式，可以帮助孩子集中注意力。从这个角度上看，ADHD其实更像是“执行功能障碍”或者“自我管理障碍”。

ADHD其实是因为神经发育的迟缓导致的神经发育类问题。ADHD的孩子大脑发育落后于正常孩子，平均大脑区域发育落后3年，前额叶发育延迟更多。有将近50%的人其大脑发育在成年时能赶上来，所以一半的ADHD不需要治疗也可以自然痊愈。

当孩子被医院诊断为ADHD后，父母很容易产生负面的情绪。有的父

母会自责，有些父母会觉得苦恼，有些父母会愤怒，还有些父母很难接受和面对。无论是哪种情绪，父母都会感到焦虑和压力，但如果父母被这些情绪影响，就无法帮助自己的孩子。

ADHD 的孩子在日常生活中会有一些表现，可能会让别人对他们产生误解。但实际上这些表现就是 ADHD 带来的影响，比较大的影响是两个方面：一是人际问题，二是学习困难。具体的表现有：ADHD 的孩子，可能情绪波动性比较大，容易发脾气；遇到困难的时候容易感觉到挫败；经常会感到无力，但这种无力常常会以愤怒的形式表现出来；规则感比较差，自控力比较差，容易破坏规则和他人的物件；执行能力比较差，做事缺乏计划性、三分钟热度、没有条理。

在面对 ADHD 的影响上，父母如果能够比较好地理解和支持孩子，和孩子一起去面对和处理人际、学业上的问题，孩子也能发展得很好。

二、父母怎么做才能帮助 ADHD 的孩子呢？

1. 父母情绪的自我关照和调整。父母先去观察和了解自己的情绪，知道怎么样让自己维持在一个稳定的情绪状态。照顾好自己，尤其是在照顾 ADHD 的孩子感到压力大、很疲劳时，给自己一点时间，关照自己并调整自己的情绪。父母能很好地觉察自己的情绪，才能更好地观察到孩子的情绪；父母能很好地调整自己的情绪，就更有能力去帮助和调整孩子的情绪。

2. 父母调整自己的期待。作为父母难免会把自己的期待、自己曾经的一些遗憾放到孩子身上，希望孩子能够去弥补一些自己曾经的缺憾，或者希望孩子去过上自己以前没有过上的生活。有些时候这些预期是合适的，但有些时候这些预期会和孩子自身的状况有很大的差距。当我们对孩子期望过高的时候，会得到反效果的。孩子有他自己的特点，有他自己的人生，父母可能要去看到孩子的真实状况，更实事求是地从现实出发，才可能取得更好的结果。ADHD孩子的父母需要对孩子有一些恰当的期待，这些期待是符合孩子的能力的，是孩子能够做到的。但是如果因为孩子被诊断为ADHD，父母就不抱任何期待，这对孩子来说也很糟糕了，孩子会认为父母在放弃自己，进而也会自暴自弃。

3. 父母与孩子保持良好的沟通。父母与孩子沟通的时候，要让自己处于温和的状态，表达对孩子的理解。对于规则，父母要坚守，不能因为孩子有情绪就妥协或讨好，但是对规则的执行又不死板，有一定的弹性。当孩子的期待或要求没有得到满足的时候，他会有情绪，甚至可能有一定冲动的行为，父母对此能有预期，然后允许孩子有情绪。但是家庭中要讲清楚一个规则：再有情绪，也不可以伤害自己、伤害他人、损坏物品。父母要鼓励孩子用语言表达情绪，而不是情绪化表达。在父母温和而坚定的对待下，孩子也可以学着自我控制。

4. 学业陪伴、辅导和鼓励。父母要让孩子自己记录作业，即使出现疏漏，也要坚持让他去做，在做得好的时候给予肯定，并了解孩子是怎么做到的。孩子写作业如果需要陪伴，父母就做好陪伴，适当地提醒孩子，但不要频繁提醒，打乱孩子写作业的节奏。孩子遇到学业困难的时候，父母可以鼓励孩子再试试看，尽量让孩子自己想办法，即使帮忙也是以建议的方式给，而不是替代，避免孩子形成依赖。

5. 建立生活常规。家庭中要有明确的规则，父母在规则执行方面要保持一致。父母的理念不一致，如一个人觉得不用管，放养就好了，自己会好，另一个人觉得不管不行，天天盯着孩子、管着孩子。这种不一致会彼此消耗能量，孩子也会规则感很差。尽量让ADHD的儿童保持稳定的生活节奏，限制他看电视和手机的时间，保证饮食的健康。

6. 寻找孩子喜欢的活动，可以是音乐方面的，也可以是体育运动。这些活动的选择应以方便易入门、挑战性比较适合孩子为前提，这样孩子在活动的时候更容易有成就感，也更容易坚持。

7. 父母和老师成为同盟。父母可以告诉老师孩子的一些表现及应对的方式，这样老师就能对孩子的行为有理解，也能更好地处理孩子有可能会发生的情况。老师能真正理解孩子的状况，才能够真正地帮到孩子。父母跟老师建立积极的关系，老师也可以帮助父母去观察并强化孩子的表现。例如更多地表扬孩子，帮助孩子学习，制定相应的学习计划，促进孩子的同伴交往等。这些可能是父母的期待，父母尽量去沟通、去实现，如果实现不了，也要放下自己对老师的期待。

8. 定期就医，配合医生。父母既要和老师成为同盟，也要和医生成为同盟，他们都是能帮助孩子的专业人士。对于服药如果有顾虑，可以和医生坦诚沟通。对于孩子服药后有比较强的不适，父母要及时带孩子复诊并调整药物。父母和医生互相信任与配合，才能更好地帮助孩子。

9. 家庭在照料 ADHD 的孩子方面如果感到困难，可以寻求专业人士的帮助，如医院的心理治疗师、学校的心理老师等。

抑郁障碍孩子的养育

一、抑郁障碍的定义

抑郁障碍是指以连续且长期的心情低落为主要的临床特征的情绪障碍，典型特征为“三低”：情绪低落、意志活动减退、思维迟缓。抑郁障碍在中小学生中是一种比较常见的精神障碍。

二、儿童青少年抑郁的表现

儿童青少年抑郁的症状与成人不完全一致，他们没有典型的“三低”，更多表现为不耐烦，易激惹，脾气暴躁和敌对，易受挫，对他人的拒绝过分敏感；有很多躯体方面不适的主诉，并出现社会退缩行为；可能会通过口头的嘲讽、尖叫或破坏性行为来表现自己的悲伤；他们的情感是反应性的，能够随时因为积极的事件而短暂地高兴起来，并不会一直处于低落状态。

儿童青少年抑郁容易表现为对价值观的探讨，觉得人生没有意义，做任何事都没动力；容易表现为网络电子产品成瘾、厌学；容易被认为是青春期叛逆及情绪波动。

抑郁障碍是一种真实存在的严重的身心疾病，有生理层面的病变。有研究表明，抑郁障碍产生的生理原因是大脑内某些重要的神经物质，如多巴胺、五羟色胺以及去甲肾上腺素等在脑内水平的失衡。

三、儿童青少年抑郁的可能原因

1. 遗传影响：如果父母患有抑郁症，那这些父母所生的孩子与一般人群相比，患有抑郁症的可能性高出 2 到 3 倍。当父母双方都患有情感障碍时，儿童患抑郁症的可能性会更高。但遗传因素仅仅是一颗“种子”，如果后天环境没有诱发抑郁的“阳光雨露”，抑郁同样不会发生在这些孩子身上。

2. 家庭影响：父母教养方式不当、家庭功能不全、父母要求过高、父母冲突、父母心理控制等都会影响儿童青少年抑郁的产生。当儿童青少年发现父母因为自己而产生冲突时，会产生深深的自责和内疚，时间长了就会出现抑郁的情绪。家庭对儿童青少年成长的影响，会通过父母冲突、亲子冲突等激烈的方式表现出来，有时更是一种无意识、潜移默化的影响，逐渐形成、累积和叠加。同时，由于儿童青少年尚未独立，对家庭有较强的依赖性，即使是康复中的儿童青少年抑郁症患者，如果家庭没有同时发生积极的、具有促进性的变化，那么当儿童青少年再次回到相同的家庭环境中，抑郁症复发的概率也会更大。

3. 生活中的压力事件：如父母离婚、家庭暴力、亲人离世、校园霸凌等。它们可能单独出现，也可能与其他危险因素一起出现，比如缺乏社会支持、学业压力过大等。有时候，一些日常矛盾或不严重的压力事件，如考试没有考好、和父母吵架、老师批评、朋友排挤等,尤其是不被身边人理解时,都可能导致儿童青少年抑郁。相比于一般儿童青少年而言,最终发展为抑郁症的儿童青少年在抑郁之前经历了明显较多的严重的压力事件。

四、父母如何帮助抑郁的儿童青少年?

1. 父母要正视孩子的抑郁。青少年抑郁症是一种疾病,一种和感冒、发烧一样的疾病,它所表现出的症状,是不受孩子控制的。它有明确的临床症状、诊断、治疗手段和药物,与其他疾病一样真实,也一样可治愈。抑郁障碍用药 1 周后会感到更加不适;2—3 周慢慢适应,不适减退;3—4 周才能开始真正发挥作用。绝大部分的不良反应都可以通过专业处理得到改善,不用担心会“吃出不可逆转的毛病”,也不会成瘾。如果对孩子服药有担忧,父母可以与医生坦诚沟通。如果孩子服药后明显不适,父母要及时带孩子复诊并调整药物。用药一定要和医生商量,遵医嘱。

2. 家庭对孩子的理解与支持。儿童青少年非常需要来自家庭的理解与支持。即使孩子的想法和感受,有时在父母看来似乎很不合理,但那就是孩子的真实感受。如果父母能够看到,那么孩子就不再是孤身一人在与抑郁抗争,孩子会感受父母的理解,也会更有力量去应对抑郁。

3. 养成健康、有规律的生活方式,定期进行适合自己的体育活动。家庭要尽量给儿童青少年形成规律的生活习惯,孩子在稳定的生活下,个人状态也会变得更稳定,对于其恢复也是有帮助的。适当做些运动,可以调节孩子的情绪状态,提高其情绪水平,孩子积极的情绪体验也会多一些,有利于孩子面对抑郁。

手机成瘾倾向孩子的养育

一、手机成瘾的界定

2013年美国《精神障碍诊断和统计手册》(第5版)(DSM-5)将“网络游戏障碍”列为需要进一步研究的临床现象,2019年世界卫生组织将游戏障碍视为精神障碍。国际疾病分类第十一次修订本(ICD-11)将“游戏障碍”定义为一种有问题的游戏行为模式,其诊断特征包括:①对游戏行为的控制受损;②游戏优先于其他兴趣和日常活动;③尽管产生负面后果,玩游戏的活动仍在继续或升级。诊断中明确要求,以上这三种表现要持续12个月或者更长时间,并且造成个人、家庭、社会、教育、职业和其他领域明显受损,才能符合诊断标准。

如果孩子喜欢玩手机,但这种游戏行为基本上是可控的,学习、生活基本不受影响,这其实不算成瘾。如果孩子喜欢玩手机,而且游戏行为明显增加,学习和生活受到一定的影响,成绩下降,但孩子还是能够坚持按时上学,能够坚持基本的社交行为,这可以算作成瘾倾向,需要引起重视。如果孩子整天玩手机,为了玩手机不择手段,不能照顾自己的日常生活,不去上学,不能够坚持基本的社交行为,这就已经达到了成瘾的程度,当然还需要超过12个月以上才能被诊断。

二、手机使用失控的原因

(一)易获得

随着现代智能电子产品的流行,手机早早进入了孩子的视线。几岁的孩子就可以很熟练地输入开机密码,点开相机拍照。年纪大一点的孩子就开始拥有自己的电子手表，甚至是手机。网课的出现，让电子产品变得更加易得。

（二）无力监管

现在大多家庭都是双职工家庭，一些父母忙于工作，在家时间很少；一些父母在家要忙于各种事务，顾不上管控孩子的手机使用情况；还有的家庭请老人帮忙照顾家里，但老人经常顾不上也管不了孩子。总之有很多身不由己、无力监管的情况。除此之外，无力监管还体现在一些主观原因上。比如，有的家庭亲子关系不好，不敢管也管不了；有的家庭非常宠爱孩子，孩子一闹就妥协，没法管。

（三）无监管意识

有些父母平时自己就捧着手机，走到哪看到哪，玩一局游戏还会拉着孩子一起，不觉得这是什么问题。或者是离异家庭，父母觉得平时孩子都被另一方管着没机会玩，难得到我这边来，一定要让他玩个够。

（四）长假期

寒暑假是手机失控的高峰时期。更多的空余时间、更少的学习任务，使得假期玩手机成为一件顺理成章的事。不但孩子这么觉得，父母也这么觉得，毕竟孩子辛苦了一学期，放松一下好像也是应该的。父母于是秉着开学孩子自然就会收心的态度，放松了对孩子使用手机的监管。

除了以上四种原因，手机使用失控的客观因素还有很多，有时候几个因素同时发生作用。比如暑假，由于手机易得且父母无力监管，孩子从早到晚抱着手机。手机使用失控的主观原因更多，无论是现实世界还是网络世界对关系的促进（玩手游可以增加同伴话题），游戏等级的攀比以及游戏成就感的易获取，现实世界的困境，内在世界的压力和痛苦感，焦虑、抑郁等情绪障碍，都有可能导致儿童青少年手机使用失控。甚至还有研究发现生物学因素，比如遗传、脑功能等，也会导致手机使用失控。

三、父母如何面对孩子手机使用失控

（一）父母做好心理准备

1. 不能指望孩子主动归还手机，绝大多数孩子都需要提醒。

2. 每天向孩子索要手机，可能会被孩子怨恨，对此也要做好心理准备。

3. 孩子会不停地怀疑和试探，以此来测试父母的决心，一定要经得起考验，一旦设了界线就要贯彻始终。

4. 孩子一定会出现有时做得好、有时做得不好的情况，在曲折中前进是正常的。

（二）具体做法

1. 达成一致意愿

找一个合适的契机，比如期中考试成绩出来，成绩下滑厉害，孩子也有些沮丧；选择一个平静的时刻，这个时刻一定不能在孩子玩电子产品或者有情绪的时刻；邀请孩子一同坐下来，花上半小时甚至更久，和孩子开一场正式的家庭会议。需要注意的是，亲子关系良好才是家庭会议能开起来的前提。如果亲子关系比较糟糕，就先恢复关系，再召开家庭会议。

2. 通过正式的协商，达成一致的约定

约定的内容需要非常具体，并且具有可操作性，还要尽可能考虑到各种情况。父母可以参考以下内容进行探讨：

（1）每天玩手机的时间和时长。可分平时、周末和假期，具体协商，以父母和孩子共同接受的度为准。不能与孩子现阶段每天玩的时长差距太大，可以在以后慢慢减少。

（2）弹性时间。执行约定时要有弹性，比如到了时间，孩子还想看一会儿或没玩完，父母可以耐心地等一会儿。有时还需要多次弹性时间，弹性时间只是向孩子强调：手机使用时间是有限制的。父母好商量，孩子也会更配合。

（3）特殊奖励。一定要是特殊时刻才能有的例外，特殊时刻的存在目的是不影响界线的稳定，却很贴心。比如孩子今天过生日，是否可以多玩一小时？期中考试进步了，是否能再来两局游戏？

（4）提醒和收回手机的方式。是口头提醒还是设置闹钟？是提前五分钟提醒一次，到点再提醒一次，还是全程只提醒一次？是父母来索要手机，还是孩子把手机放在一个指定的地方？提醒的时候可以说什么，不能说什么？如果遭到拒绝可以怎么办？这些都是需要被讨论的。

（5）打破约定的惩罚。惩罚不能太过于严苛。孩子一定会有执行不好的时候，能够在曲折中前进就非常好了，要给孩子留有余地，让惩罚容易做到。可以考虑从第二天的使用时长中扣除相应的时间，或者直接第二天不准玩手机。

（6）奖励。奖励是很重要的激励方式。要和孩子明确约定，何种情况下可以获得何种奖励。比如，如果孩子连续两周都能按照约定准时归还手机，可在周六多玩 1 小时手机。像惩罚一样，奖励也要让孩子容易获得。

3. 贯彻始终的执行约定

把约定的内容写下来，最好是全家都能签上名字，然后贴在家里显眼的位置。执行时，态度应该是温柔而坚定的。在每次发生冲突时，父母可以温柔而坚定地要回手机，待孩子情绪平静一些后，再去倾听和共情孩子，认可和鼓励孩子继续坚持。

后　记

后记,我一直想写,但又不知道从何说起。也正是因为要写后记,我回顾了从事中小学生心理辅导工作这些年的点点滴滴。2014 年 11 月,陶老师热线正式成立,这也是我从事中小学生心理辅导工作的起点。到 2022 年 11 月,我从事该领域的工作也已 18 年了。一开始,我只是陶老师热线的一名专职热线咨询员。随着陶老师热线发展为陶老师工作站,我也开始从事更多元的工作,并成长为工作站的热线培训师和督导师。

刚开始从事热线工作时,我还是一个刚刚毕业的大学生,很容易理解学生的困难与痛苦。在接线结束后,我总会忍不住想:“如果这个孩子的家人或老师能理解和帮助他,他的问题是不是就可以解决?”但是,当接听了越来越多的家长来电后,我看到了家长的付出与艰辛;当与许多中小学的老师接触后,我也发现了老师的努力与不易。我常常会去思考:作为一名心理专业工作者,在未成年人的心理辅导工作上到底能做什么?

陶勑恒老师是我在未成年人心理辅导工作上的领路人,也是我在专业成长上的榜样。他不仅在专业的工作上展现了以人为本的精神,而且在日常的接触中,也从不以专家或领导的身份自居,而是认真聆听、处处关心身边人。这样以人为本、言行一致的前辈,深深地影响着我,也让我在工作与生活中时刻谨记每个人的“被聆听、被看见、被尊重”。陶老师工作站有许许多多的志愿者,他们来工作站接线或咨询时总是精神奕奕,在专业学习上也是孜孜不倦，展示着对于助人工作的热情与投入。陶老师与陶老师们，都成了我学习与追随的对象。

随着工作时间的增加，我对于自己从事的工作有了更深刻的认识：可以用专业的态度、技能去陪伴与帮助来访者，可以在专业的培训、督导时去启发和引领志愿者，还可以在各种讲座和科普文章中去支持和协助家长、老师……当我发现可以做更多时，常常思考的问题似乎就有了答案。

陶老师工作站已经有三十年的历史，从热线、面询到危机干预，从专职人员的成长到志愿者的培养……不断探索和完善未成年人心理援助工作的机制，默默践行着公益精神、专业精神和职业精神。在陶老师工作站成立三十周年之际，因为许红敏院长的信任，推荐我承接本书的编写工作，希望本书的出版可以给家长和其他与未成年人工作的人士一些启发与思考。让我们一起为未成年人构建温暖与支持的家庭环境、学校环境和社会环境，让未成年人能够更健康地成长。

这本书以“家庭心理健康教育指导”为主旨，用故事的形式来展现未成年人成长过程中常见的发展性问题，通过故事分析让家长理解未成年人的表现，在家教策略上也会给予家长具体指导。全书分为“父母成长篇”“学习篇”“人际篇”“情绪篇”“自我篇”“适应篇”“如何养育特殊需要的儿童青少年”等 7 个专题。“父母成长篇”作为本书的第一个篇章，是因为我们希望父母可以跟随孩子的成长而不断成长，以便能更好地养育孩子。第二至第五篇章是以情景故事、故事分析、家教策略的结构来书写的。最后一章是关于特殊儿童青少年的养育，从表现、原因、养育策略上给予了一些专业的理解与建议。书中的小故事均为编写，故事中的孩子不是特指某个孩子。在这些小故事里，我们可以看到许多孩子的身影。

本书得以顺利出版，得到了很多人的帮助。感谢许红敏院长的信任与鼓励，当我心生懈怠之意时，许院长都会及时鼓励和肯定我。感谢戴志梅老师的激励与赞扬，在我感到困难与挫败时，戴老师总会及时出现，教我如何表述，并不断告诉我“你行的”“你可以的”。感谢耿丽娜博士的指导，从专业的角度协助我和戴老师一起架构了本书的结构，并对文章的编写逻辑和编写内容给予真诚的反馈。感谢工作站的小伙伴们，一杯咖啡，一顿饭，一次聊天，一些见解，你们的关心、照顾和支持，让我坚持了下来。感谢我的先生和婆婆，对家庭的默默付出以及对我的全力支持。最后，我还要感谢本书的编辑以及所有在我不知道的地方帮助本书出版的人。

因为水平有限，书中的分析与建议都是建立在个人的经验和思考的基础之上的，如有不尽人意或疏漏之处，恳请读者批评指正。

袁　芳

二〇二二年十一月